日本不装腔指南

为你讲述一个真实的日本

在日本七年积攒下的吐槽，都收录在这里了；
美好也是。

苏菲◎著

中国地图出版社

图书在版编目（CIP）数据

日本不装腔指南／苏菲著．—北京：中国地图出版社，2017.10

ISBN 978-7-5031-9554-9

Ⅰ.①日…　Ⅱ.①苏…　Ⅲ.①日本－概况　Ⅳ.①K931.3

中国版本图书馆 CIP 数据核字（2016）第 280566 号

策　　划　马　隆
责任编辑　马　隆
执行编辑　郭欣雨
出版审订　赵　强
图片提供　达志影像　摄图网　苏可乐　Adam Zhuang　幺幺是美洋洋
　　　　　栗原话梅子　胡展鸿　小黄桃
视频剪辑　王天睿

日本不装腔指南　RIBEN BUZHUANGQIANG ZHINAN

出版发行	中国地图出版社		
社　　址	北京市白纸坊西街 3 号	经　　销	新华书店
邮政编码	100054	印　　张	11
网　　址	www.sinomaps.com	版　　次	2017 年 10 月第 1 版
印刷装订	北京画中画印刷有限公司	印　　次	2017 年 10 月北京第 1 次印刷
成品规格	150×210mm	定　　价	39.80 元

书　　号　ISBN 978-7-5031-9554-9

如有印装质量问题，请与我社发行部联系；如有图书内容问题，请与本书责任编辑联系，联系方式：dzfs@sinomaps.com。

序言

将不可能变成可能

实不相瞒，受邀给这本书写序，我却并没有在第一时间读完这本书。

说来也是讽刺，虽说不仅以文字为生，但从记事起，便开始和文字打交道，而如今得出的结论确实，文字不可信任。放在艺术角度也好，哲学角度也罢，越去感知，越是感受到文字的界限，以及写作这件事情的局限。在我看来，感情磅礴，生命无边，知识无限，而你我如此才疏学浅，这世上的万事万物，耗尽头脑，也无法表述出其中的边角。因此，我愈发不相信文字。

然而，若将文字单纯作为一种工具来达到传播的目的，那么或许我们能看到文字的另一张脸。

事实可以被描述。客观可以被记叙。

当我读完这本书，我想我需要重新定义起文字的功能。文字在更多时候，会成为一个载体。我们在小说家那里承接莎士比亚的悲剧，我们在诗人那里承接奥登的情书，而在苏菲这里，我承接到了一个丰富而聪明的关于日本的知识库。

从生活常识到社会现象，从趣闻轶事到科学政治，我所认识的苏菲，从来没有停止过对生活的探索与思考。这本书，承载的是她所洞察到的世界，也是她在日本生活的梳理和总结。她用客观而清晰的笔触，将这些年所见所闻所思所感，认真地化作文字整理成册，我想这是太多人觉得“我也做得到”却并未去做的事情。天才和凡人有什么不同？我想天才和凡人唯一的区别是，天才会用孜孜不倦的努力，将所有听似漂亮的空头支票一一兑现。我并非要夸赞她是天才，她恰恰是我眼中明明拥有才能，却偏要以“地才”的方式去实现的人。那些他人看似轻巧实际困难的事情，在大多数人不屑一顾却又不远行动的时候，她只是一声不吭地默默去一一完成——用要领精巧，又善良友好的方式。

我和苏菲在认识之前，就已经听说了彼此的名字。起初觉得对方和自己是并非同类的人，熟识之后，却有好多个相隔不远也要几小时通话畅谈的日子。如今，我仍觉得我们是截然不同，却彼此吸引的关系。我们在彼此身上都能找到自己并非拥有，却非常喜欢的东西，她理智而果断，客观又清晰，常常将优柔寡断的我从睡梦中激醒。

我一直深信，如果你喜欢一个人，或许并非一定会喜欢这个人的文字，但如果你喜欢一个人的文字，一定会喜欢这个人本身。我们可以用化妆来装点容貌，用服饰来掩盖身姿，用任何来伪装自我，唯独文字无法欺骗他人。十指连心，从指间落下的每个字，有你伪装不了的真诚。苏菲亦是如此。看她阐述观点也好，疑问解答也罢，如同她在你面前和你说话一般，泾渭分明，通透敏锐，像清晨的一枚还沾着露水的冷薄荷，凛然而立，自制又自省。我想这就是她受人喜欢的原因。没有人会拒绝一个聪明又清晰的良师益友，在你人生中的每个分叉口，迷惘期，用她的经验，积累和知识，为你解答你想要了解的难题。而这本书就像一扇扇窗口，如果你好奇地去推开那一扇扇窗户，便会领略到一个个各不相同，又新鲜独特的世界。

所以，与其说我想要推荐这本书，不如说我希望你能走进苏菲的世界，去认识她这个人。哪怕已成挚友，我对这个姑娘身体里的每一个细胞，都充满了好奇，对于她，我像是一个饕餮之徒，渴求去靠近和了解，靠近她的思维，了解她的梦想，听她分享她的世界。你我对彼此的好奇，来自于彼此身后那个悄然打开的新天地。

曾听苏菲说，她的梦想是在有限的生命里，最大限度地去领略和享受万物的奥妙，创造快乐。生命力在她脚下仿佛是往前方不断延展的地图，我看到那个坚强又倔强的小女超人，不停往生命的银河里探索，没有一秒停滞不前。我毫无疑问，也真心祝福，她会创造并且拥有最精彩的天地，最美妙的世界。

文字不可信任。但也有人永远在尝试，将不可能变成可能。

曹小优

2017. 9. 4

JAPAN NON-PRETENTIOUS GUIDE

目录

第三章　在日本玩什么　087

第四章　日本人在想什么　143

JAPAN
NON-PRETENTIOUS
GUIDE

第一章

日本就是这样

1. 与日本的邂逅

在我还是个少女的时候，喜欢看岩井俊二、矢泽爱，听 Kiroro，读村上春树。在我心目中，在日本的某个地方有着阳光和蓝天下又窄又直的小路，路两边是翠绿的生长得高高的野草，可以骑着自行车一路而下，去和自己心仪的人约会。

第一次真的跨过大海，用自己的双脚踩上那片陌生的土地，却是在日本的南国一个叫熊本的城市。太阳似乎比我想象得要热辣，一切都那么小，那么精巧，我略带羞涩地行走在干干净净的人行道上，茂密的大树盖满整个城市，商店街横横竖竖的牌子写满了蝌蚪字，要憋红了脸一个一个使劲儿想才找得到读音。

在那之后的五年，我走过了日本的好多好地方，既在北海道大陆最北端的宗谷岬抓过宠物小精灵，也在冲绳纯白色的海边凉台品尝过杧果沙冰。越是深入了解，越觉得日本有太多面、太多表情，反倒难以用一两个词语形容。无论是充满回忆的故事，还是好玩的趣事，都满满地散落其中。

东京的秋叶原是包括动漫游戏等二次元的圣地。从初中的时候我便喜欢日本动漫，也向往了好久好久。当我来到东京第一次去秋叶原时，特地从学校骑了 20 分钟的自行车。开始道路两边还都是随处可

见的大大小小的楼群，而随着满头大汗地上坡下坡，整个街道的感觉开始慢慢变化。最开始是偶尔出现画有卡通人物的广告牌，然后是隐藏在街角的女仆咖啡馆，再后来就是流淌在空气中充满现代感的电音。随着车轮的转动，从声音，到色彩，到味道，到空气，再到包围我的整个世界被都奇异地二次元化了。我下了车，站在一个崭新的世界里，有点因为兴奋而眩晕。

这就是秋叶原，是每个行人的每个毛孔都散发着“秋叶原”气息的地方。我从未见过一个场景，可以把它自己的特点表达得如此纯粹和极致。

纯粹和极致——这也许就是日本那么多不同面孔下共通的东西。

在日语中有一个词“なりきる”，意为“彻彻底底成为，完全进入角色”。在这里，你很少会看到“差不多就行了”“马马虎虎”的东西，可能也正因为如此，日本的技艺、艺术、城市环境、美食、音乐、工作方式、礼仪等给我们的印象，大多是包含极深的文化，生产着高品质的作品。当然，很多时候他们也因为做得太过、太细而带来相反的恶果。与其说这是优点或缺点，不如说这是一种“特质”。

在之后的章节里，我们会看到日本的方方面面，每一个主题都是同样的主旨：任何特点都有好的一面，也带来不好的一面；任何东西或者人都有好的部分，也有不好的部分。因此我们难以去给它一个非黑即白的评价——但它们，无疑是这个国家、这个民族实实在在的特性，其存在必然有原因和意义。

我相信，翻开这本书的你也是带着好奇与求知欲，希望看到更多的事实而不是我的判断。事实上，经过长久的生活之后，这里的一切已经融入了我的日常之中，第一次前往秋叶原时“原来日本的这里是这样的”那样的感动已经永远离开了我。也正是如此，我如实地把自己在这里看到和了解到的方方面面记叙下来给你——仍旧拥有着少年少女之心的你。每一个你不知道的日本的邂逅都将是心跳之旅。

准备好了吗？

2. 古老土地上的和洋大杂烩——日本概况

日本的国名

你知道吗？“日本”这个国家的名字，其实和最早的中日外交有关。

在远古的历史中，大和民族首先统一了日本各个民族，因此他们

便把自己称为“大和”（yamato），这也是今天“和”字代表了日本传统的原因。

从公元前开始，古代的中国和日本便开始了移民、朝贡等交流，而在日本的推古天皇即位后，正式创立了“遣隋使”，派遣选拔出来的日本人到时值隋朝的中国学习先进文化。公元607年，日本大使小野妹子（可不是真的妹子哦）访问隋朝时，送出了一封重要国书，其中写道：

“日出ずる処の天子、書を日没する処の天子に致す。恙無しや、云々。”

翻译成中文，就是“日出处天子致书日没处天子无恙”。

隋炀帝一看，什么？这人也太狂妄了吧，小小岛国竟敢叫我们“日落之处”，这是诅咒我们衰落吗？于是非常愤怒，给大使吃了个闭门羹。不过后来想想消了气，还是大度地见了小野妹子，并且给天皇写了回信，称其为“倭皇”，也承认了与日本的外交。

这个“日出”和“日落”就是从中国和日本的地理位置上来说的。因为日本在中国的东边，所以从中国国土看就是“日出的方向”。后来唐朝的日本大使沿用了这种说法，将自己的国家称为“日本”，即“日出之本”之意。细细究来，这个国名其实还是根据中国看日本的角度来起的呢。在汉语中，则自古多用“倭”“扶桑”“蓬莱”等称呼日本。

日本这片土地

日本所有的领土都是海中大大小小的岛屿。与中国比起来面积当然非常小，就算作为一个省，在中国也排不到前八。然而在全世界所有国家中，日本的领土面积可以排到60多位，是不是有点意外？所以说纯粹是因为中国太大了呀……

虽然日本的面积还不小，但这片土地也是“多灾多难的娃”。这群岛屿位于环太平洋火山地震带上，为太平洋板块与亚欧板块相互挤压碰撞的交界处，因此这一片小小的区域，竟承受了全世界 10%~20% 的地震能量。3 级以下的地震几乎每天都会在日本的某处发生，震惊世界的大地震更是几十年就会访问一次。比如最近一次 2011 年的“3·11”大地震，在日本的地震观测史上都是最强的，不仅震级高，还引起了巨大海啸，并引发核电站事故，一共夺走了将近两万人的生命。

除了地震以外，海啸、台风、火山喷发等自然灾害也是日本的常客，这是生活在中国内陆的人们几乎无法想象的。不过在自古以来与自然灾害的一次次抗争中，以巨大的伤亡为代价，日本人也建立起了一套全世界最先进完善的防灾体系，比如大地震来临一瞬间便可以通知全国民众的预警系统，为其他地区的人们争取几秒到十几秒钟的宝贵逃生时间。这套系统经常被一些人误以为是“地震预测”系统，其实人类还无法进行高准确率的地震预测，只能在其实际发生的一瞬间马上做出警报。从小学到公司，从车站到医院都会有定期的防灾演习。也因此，“3·11”大地震虽然是史上最大的地震灾害之一，其遇难人数却比日本以往的几次大型地震都要少。这也是令我们不得不敬佩的地方。

日本的政体

日本有君主——天皇，但宪法又规定天皇在国政上没有任何权力。被赋予最大政治权力的是“国会”，然而实际上政治权限最大的又是内阁，是由我们熟悉的日本总理大臣和各个省（在中国相当于“部”）的国务大臣组成的。国会的众议院、参议院成员以及市长，町长等都

由选举产生。

日本每年的选举虽比不上世界关注的美国大选，却也是个非常有趣的现象。平时隐藏在各处的政治家，只在选举的季节倾巢出动，在各个地方擎着大喇叭四处言说宣讲，甚至疯狂到周末早上就派出安装了广播的车在社区里来回游荡，公然播放着自己的名字。到底是为了拉选票还是拉仇恨，可真的是让人有些看不懂了。

有人统计，日本所有首相的平均在任时间仅为 2 年 2 个月，而其中在任期间超过三年的只有 6 个人。为何首相总是辞职，也是众说纷纭，辞职的官方理由未必都是真的，但应该和国会内部复杂的权力斗争有关。

日本的经济

据 2015 年的统计，日本的 GDP 居世界第 3 位，可以说是一个经济发达的先进国家。不过，日本经济最繁盛的时期是 20 世纪 60~80 年代，20 世纪 90 年代泡沫破裂，整个国家进入为期十年的低迷状态。这几年虽然整体经济有所回暖，但仍旧面临着国家进入发展成熟期之后遇到的一系列经济问题。其中最难办的一点就是随着人口逐渐减少，各个领域的消费能力都在无可避免地降低，导致经济随之萎缩。简单来说就是人少了，参与消费的人和消费总量都越来越少。各个领域的生意也就越来越不景气。因此，如果日本经济不能找到一条新的出路，将来也许会面临非常严峻的形势。

高速成长期的日本曾经努力将贫富差距降到最小，号称“一亿中产”，让各个国家无比羡慕。比起世界上其他国家，日本各个企业的员工待遇相差不大，体力劳动工资也不低，社会福利非常健全。但同时，这也提高了用人成本和灵活转变的可能性，降低了日企的竞争力，同时让政府背上了高额的债务。随着经济低迷期不少公司破产，再加上老龄化日趋严重，人们开始认识到贫困群体在社会中的存在比他们想象得多的多。同样，这个问题能否根本解决，也与日本整体经济是否能好转相关。

一言以蔽之，日本的经济由于长年丰厚的积累，给人们带来了较富足舒适的生活，但挑战也即在眼前。

日本的生活和文化

在明治维新以前，日本积极从中国吸收先进事物，并在其基础上发展出了具有日本特点的茶道、能乐、枯山水以及崇尚“侘·寂”与不完美事物的审美倾向。16 世纪开始接触西方文明后，日本又贪婪地学习了“洋服”“洋食”，并把它们揉入原先的传统，于是就诞生了不少像炸猪排饭这样，在欧美或者传统东方都原本不存在的新事物。无论是广为世界所知的传统的日本还是现代的日本，都是这个国家不可缺少的文化的一面，少了哪个都不够完整。

がんこ
道頓堀店
がんこ寿司
3·4階
個室·お座敷
地階·1·2階
寿司·和食
和食
TSUTAYA
FOREVER
本場の味
かに道楽
和民
白木屋
280円
山内農場
ZERO Cafe
CAFE ¥390~
道頓堀川
万灯祭

日本人原本不吃猪肉，直到全盘西化后才开始吃猪肉、牛肉，并且发明了一系列“和洋结合”的原创料理，现在炸猪排饭已经成为人气家常料理之一。

在日本生活，一个最大的特点就是“稳定安宁”。每天按部就班，没有太多变数，一条街道，一片生活区域五年十年都不会有太多改变。社会给大多数人设定了一条安稳的人生道路，不需要太优秀，也不需要太有个性，普普通通就可以过完一生的感觉。人们很少去关心国际大事或者怀抱巨大的野心，每天关心的只不过是身边的八卦或者自己的一亩三分地。

浅浅一窥日本，会发现它在很多地方已经不是那个传统的“日出处之国”了，而更像是一个把各种食材放入锅里炖的大杂烩，虽然最初是拿来主义，却也做出了一道新菜。要想深入了解，可就不得不从各个角度来一一分析了。

3. 拿什么代表日本

风靡世界的二次元

如果你在东京街头抓住一个外国人采访，问问他为什么来日本，估计大部分人都会说："我喜欢日本的动漫"。

日本的二次元文化，已经成功输出到世界各地。通过动画、漫画、游戏等载体，远隔千里的人也可以了解这片土地上的方方面面：女中学生都穿一种水手服改良的制服、人们出行大多乘坐轻轨电车、吃饭的时候要用一只手端着碗、上班族要穿西装打领带……在巴西里约热内卢奥运会闭幕式上最后的"东京8分钟"里，也出现了各式各样的二次元人物，可见日本人自己也对这项文化在世界上的影响力颇有自信。

其实不仅仅是面向世界，日本的日常生活中也充满了二次元，其中最有代表性的就是无处不在的卡通吉祥物了。也许你熟悉大名鼎鼎的熊本熊，知道它是日本熊本市的吉祥物，不过你知道日本所有市都有自己的吉祥物吗？这些吉祥物每年还会进行人气选拔，胜出者就可以发行各种各样的周边商品。不仅是地区，就连交通部门、公司、NPO（非营利性组织）团体、百货店、网络服务商都有自己的卡通吉

祥物，大多数吉祥物有着自己独特的“个性”设定。

甘于寂寞的匠人之心

日本的老字号多，手工艺人也多。很多手工艺来自古代的中国，但是日本人似乎天生适合一个人孤独长久地钻研某种技艺。这种经过岁月淬炼的手艺，我们称为“匠”。

匠心的极致，是一种在日本称为“寄木细工”的艺术品，用各种颜色的天然木头不加渲染，精心加工成无数 3~4 毫米厚的小块，再天衣无缝地拼接成完整的木面，进而组装成各式艺术品和生活用品。其图形之繁杂、整齐让人难以想象每块图案都是用手各自加工制作。有些还巧夺天工，做成不按照特定顺序就无法打开的“密码盒”，小巧的胸针、纽扣也不在话下。

发达的成人产业和赌博业

在日本，不仅是成人影视作品，线下的一系列服务也发展得令人咋舌。在城市一些特定的区域，被称为“风俗街”的巷子里密密麻麻地挤满了特殊服务的店，在街头一般会有巨大的“无料案内所”，闪着暧昧的霓虹灯。如果你不慎迷路，可千万不要鲁莽进入，这里面指的可是另一条“路”。

你一定不敢相信，这些店都是正大光明地在做生意。虽然成人服务业合法，但国家严格规定各种服务场所的等级和被允许进行的活动，一旦有人举报违规，再大的店也会立即被查处。不过钻法律的空子巧妙地做赚钱生意的人早就满地都是了，如今也不乏仍旧在勒索讹诈菜鸟的黑店。如果你对这里感兴趣，可要留着一万个小心。

除了成人服务业，日本还是一个赌博大国。谈到赌博，可能大家首先会想到拉斯维加斯或者澳门赌场，但其实世界上赌博成瘾人数最多的国家，恰恰是日本。搞笑的是，在日本赌博还是违法的。但层出不穷的各式实质上为赌博的“柏青哥”（又叫小弹珠）、赛马、彩票等巧妙地绕过了法律规定，只奖励玩家特定商品而非现金。而大家都心知肚明，这些赌博店出门走不出一分钟百分百会有“商品换现金”的店。

在不少地方，站前的柏青哥店装修最豪华，店内最热闹。据 2015 年统计，日本男人有将近 10% 都赌博成瘾。很多无家可归者也因为有了钱就扔进柏青哥店，而生活永远得不到改善。在很多有抓玩偶机和游戏机的游戏厅里，也会有老虎机、赌博机、赛马装置。虽然使用的是游戏币，但其实质就是赌博游戏。有一些日本爸爸妈妈自己喜欢，还会带着孩子去玩，对小孩的影响可想而知。甚至也有不负责任的父母自己玩游戏，把孩子扔在一边不管，让人看了十分震惊。

感受季节和自然的“旬”之心

最后我们再讲讲日本的“季节行事”。日本不仅食材极其讲究“旬之味”，且讲究每个季节都要根据自然变化进行特别的活动，就好像我们端午节吃粽子，中秋节吃月饼一样。一年之中任何时节去日本旅游，都有当季可看可玩之处。从三四月看樱花，五六月摘草莓、樱桃，到夏季花火大会和庙会祭典，紧接着是美术之秋，赏红叶，万圣节，踏满地银杏，圣诞节，冬季点灯活动和持续到翌年三月的滑雪。既有传统节日，与自然的亲近，也有源自欧美的节日盛典，这又是一盘颇有日本特点的大杂烩了。

难得的是任何一个时节的活动都受到人们的关注和广泛参与，很多商家会随着各个季节推出不同主题的产品并改变店内装饰，整个国家的各个城市都沉浸在一个又一个欢庆里，留下一年又一年的美好回忆。

Yurakucho
Marui

4. 行走在西装上班族中的水手服老爷爷——那些被颠覆的日本印象

在网络发达的时代，我们对任何事物的认知都比以往看起来要广泛而全面。但这也恰恰是陷阱：在网络上接收到的信息，有不少都是第二手，甚至更多手，抄来抄去，难以证实。所以我们对日本的印象，可未必是 100% 符合真实情况的哦。

日本人全都彬彬有礼高素质？

每一个到日本旅行的人，都会为日式服务和高素质的人群赞叹。经过了一定的发展和积累，人们更倾向于遵守社会秩序，讲究信用，这一点不难理解，也是毋庸置疑的，但也只能代表大多数，并不是全部。除了我们旅游时常见到的上班族、女高中生、家庭主妇，其实还有一些人隐藏在特殊的角落。在那里，我们熟悉的那些“日本高素质”可能都不适用。

如果你在周末凌晨走过新宿歌舞伎町附近的小路或者任何一个风俗街，就会看到一幅和其他地方截然不同的景象：满地掉落和被踩扁的烟头、胡乱丢弃在马路边的易拉罐、一身污秽睡在街头的醉酒者、甚至可能还有说话走路横冲直撞的社会青年。

这样的景象如不是久住，其实极难遇见，但它们是实实在在存在着的。任何一个社会都不会是完美的高素质乌托邦，总有一部分不治之症顽固地附着在表象背后。在拥挤的车厢里发生口角甚至大打出手的情况也不是没有哦，就连列车员也会被赶不上车的人吐唾沫，所以不得不在车站贴上“向列车员吐口水是暴力行为”的标志。

日本人都只守规矩没有个性?

哪天去原宿涩谷一带溜达溜达，说不定就会打破这种印象——这里真的是什么穿着打扮的人都有，一身五彩缤纷的、裤子拉到屁股下面的、吊带裤一条带子故意剪断搭在身前的、甚至可能还偶遇穿着水手服的老爷爷或者一身粉色小公主装束的一米八肌肉男。

这样的衣装，就算在最不守规矩的国家穿出来，也会遭到路人围

观啊！然而无论打扮有多么怪异的人出现，其他日本人都会一脸淡定地走过，熟视无睹。

这就要说说日本对“亚文化”极高的包容性了。亚文化，意指非主流的，只有一部分人追随的文化。比如二次元、科幻、Cosplay、刺青等。对于自己不能理解其趣味的亚文化，日本社会总体还是持存在即合理的宽容态度。当代的日本也很少对大龄未婚女性或者离异女性特别对待，四五十岁没有结婚一直工作的女性随处可见，而且都散发着从内而外的美丽。也许在日常的规则之外，对于“一个人自己选择的人生”他们都更倾向于接受，而不是强迫对方认同自己的价值观或人生建议。

日本人服务水平最高？

日本的服务在全世界都是相当著名的。申奥时日本代表提出的一句“おもてなし”（指表里如一，全心为客人奉献的精神）风靡全国。然而，事实真的是这样吗？

可以说是，也可以说不是。

说是，是因为日本式服务的一些细节已经渗透进各行各业，变成了不成文的规矩。比如进入餐饮店，店员大多会首先奉上擦手的湿毛巾——夏天冰镇，冬天温热；不少店员在和座位较低的客人说话时会单膝跪地，甚至双膝跪在地上；去美容院理发店，店员会送到门口并朝着客人背影鞠躬。这些丰富的细节，组成了日本式服务的整体印象。

而说不是，是因为内心是否表里如一这点仍旧因人而异。遵守这些服务准则的时候，有些人自然而诚恳，而有的人真的能看出是皮笑肉不笑，甚至还会在客人看不到的时候摆出臭脸。所以服务员内心对于客人的礼貌程度其实和其他国家并无区别，只是表面都是被一套礼仪所拘束，不好明摆着态度恶劣罢了。人非圣贤，店员当然也有心情不好或者感到劳累的时候，当然不能要求太完美啦。不过，能用完整的规则去消除个人情感的因素，使得整体服务质量保持高水准，这也是他们的厉害之处。可客人舒服，服务员就是最累的。根据一项调查，在日本最辛苦、收入付出比例最低的就是餐饮业了，也有过餐饮业的朋友跟我倒过客人被惯得十分不好伺候的苦水。所以你应该明白，来日本玩的中国游客和在日本打工的留学生为什么对此态度完全相反了吧。

有趣的是，很多日本人到中国一些服务好的店，往往感叹中国的服务充满人情味儿。服务员会和客人聊天，显得随和又主动。他们也觉得日本的服务虽然也很棒，却更多流于形式，少了一些店员内心自发的热情和人与人之间朴实的情感联系。从这一点还真的能看出两国人的不同性格特点呢。

压抑内心变态多?

不少人对日本民众的印象都是“生活在压抑中的人们”“自杀率高”，甚至“变态”“色狼多”，其实大部分日本人都不太符合这个描述。

首先，大部分人生活圈子都很小，不太习惯接受新事物，因此总会显得有点“羞涩”或者“老老实实没存在感”。他们可能朋友总是固定的几个，喜欢随大溜儿，不会做多思考，但还谈不上内心压抑。

其次，因为他们崇尚体育运动，所以特别开朗阳光的人也并不少见，比如我身边就有着独身一人游玩土耳其的女孩，立志读遍中国历史的宅男，一心为世界和平做贡献的创业家……任何一个民族，其实都是性格和经历各异的，很难用单一的描述去武断地概括。当然啦，这其中也不免会有内心压抑的人、思维奇葩的人、自私的人、变态的人。

如果你有机会遇到或者听说这样的故事，千万不要用一部分好人或一部分坏人去代表所有人，这样世界对你来说，就会变得很乏味哦。

JAPAN
NON-PRETENTIOUS
GUIDE

第二章

日本必备生存技能

1. 在日本租个房子，要交月租五倍的钱？

日本的租房制度，曾经把无数初来乍到的留学生逼疯。疯的原因，大抵有以下三种：

变态的昂贵，变态的审查，变态的磨蹭。

1. 变态的昂贵：月租 8 万日元（约合 4800 元人民币）的房子，第一次要交 48 万日元（约合 28800 元人民币）？！

如果你是第一次在日本租房子，可要做好心理和金钱的准备。因为这个国家有着世界上独一无二的奇葩制度：签订新的租房合约时要向房东缴纳意义不明的“礼金”（礼金）和“押金”（敷金）。这项制度即使是日本人也怨言连天。

所谓的“押金”很好理解，预先支付 1~2 个月的房租，待退房的时候房东查看房屋内部状况，有损坏的就从押金里扣除，并返还余下的部分。

而“礼金”，一如字面意思，则是完全赠送给房东的 1~2 个月房租。一般来说，越高级的公寓，礼金可能越高。这一项收费一是鼓励租房者长期租赁，防止频繁的租房退房，二是通过这种筛选机制，保证住户人群的质量和素质。不得不说，这种筛选有的时候的确有效。如果入住高级公寓，会发现租户素质都较高。无论认不认识，在大厅里见面都会主动和你打招呼，甚至还有人细致到晚上坐电梯回家之后会出电梯之前按下一楼的按钮，以方便以后可能来等电梯的人。

好吧，那礼金和押金我们姑且认了。可如果你觉得这便是全部，那可就又天真了！因为附加的费用可远远不止这两项。比如，绝大多数情况下，房屋租赁都是通过中介进行的——日本的房屋中介标准价是一个月的房租。

另外，无论什么人，租房子都是要有人做担保的。外国人一般必须花钱找保证公司为自己担保。保证公司收取的费用一般为 0.5~1 个月的房租。一些学校可以给学生做保证人，省去了这一部分的开销，请留学生租房前务必咨询学校的相关办公室。

还有，租房的时候必须购买火灾保险，很多情况下这个保险公司还是房东指定的。保险费用每年都需要续交一次，通常为 1 万 ~2 万日元不等。如果你租的是像模像样的地方，很多时候还会有一个“配钥匙费”。简直就是漫天要价，公寓一般都为 8000 日元起，最贵的可以达到 2 万日元。再加上千奇百怪的各种名目，比如“24 小时保障服务”“清扫费”等。最终，初期要缴纳的费用甚至可以高达一个月房租的 5~6 倍。

以下是一张比较有代表性的租房初期费用清单，以下单位皆为日元。这可是签约的时候就要一次性付清的哦！

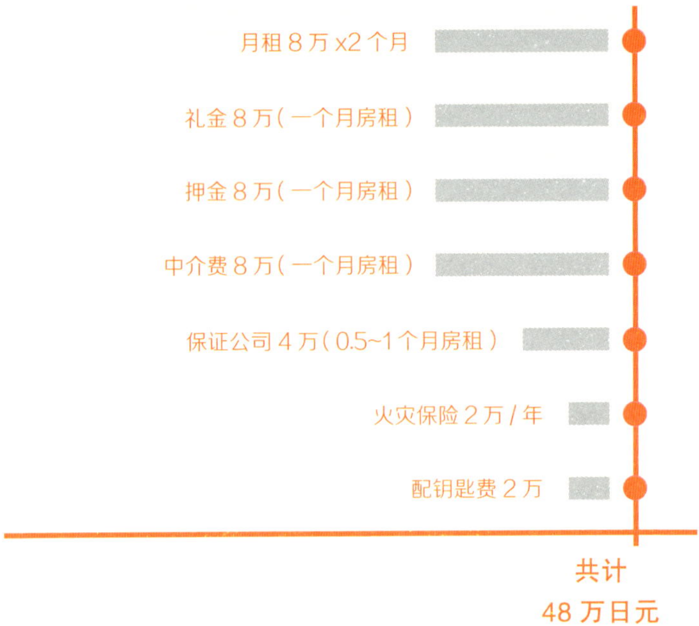

当然了，根据房子具体情况和租房时期不同，里面的项目和价格也会上下浮动。可能运气好遇到免礼金的房子，也有可能要给保证公司交足足 1 个月的房租。一般头金为房租的 3 倍左右，就算非常便宜了。

所以如果你在日本租房，哪怕初期多花些时间和精力，也一定要慎重选择地点和房子。因为重新租赁和搬家的成本，简直太高了！

2. 变态的审查："我们就是不相信你，要不你就交钱"。

正如日本的中介之黑暗在优质的日本服务里像一朵奇葩一样，日本的房东，一改整个社会的信任机制，也许是这世界上最麻烦的一种生物。

有过找房子经历的留学生几乎都会见过这种情景：你面前的中介人员打电话给房屋管理公司，帮你询问是否能租这间房子。有时候，仅仅因为租户是外国人就会被拒绝。还有的时候，房子可以租给外国人，但是中国人除外……当然要澄清的是，很多房东不是故意歧视中国人的，而是因为 3 · 11 大地震之后很多中国人不和房东打招呼就突然搬走并且拖欠房租，以致害苦了留在日本的同胞。在那之后，为了避免麻烦，不租给中国人的房东就一下多了起来。有的时候对方要求看租房者的学校，公司和年收入，或者要求必须由正规公司进行担保。

为什么要保证公司呢？其实在日本，房东非常厌恶提前解约退房的行为，也担心租户拖欠房租导致空房。因此他们要求租房必须有第三方担保。担保有两种方式：担保人和保证公司。一般的日本学生通常让父亲出具收入证明和公司信息等，以家人为担保人。但外国人非常难找能为自己担保的个人，就算找到，很多房东也会要求外国人必须和保证公司签约才肯出租。所以大多数情况下只能出钱让保证公司为自己担保。

保证公司在对租房者进行审查之后，如果觉得没问题，就会对房东拍胸脯说我做担保。租房者无故不交房租，突然退房，所产生的损失都由保证公司赔偿给房东。每个月的房租也是租房者打给保证公司，保证公司再转交给房东的。也因此，拖欠房租时第一个发来催促消息的也是保证公司。

审查越严格的房东，用的保证公司的保证费就有可能越高。而租房者大部分情况下只能乖乖交钱。简直就是砧板上的肉。

3. 变态的磨蹭："我们正在交涉中，请耐心等待"。

三四天找完房子？几乎不可能。打出一个月的提前量都不一定保准。

这其中主要花费时间的部分，就是保证公司的审查。另外还有我们和管理公司、房东等各个关卡的交涉过程，以及我们汇去第一笔房租到对方核实之间的时间差，钥匙和相关文件从管理公司到中介的过程等。总而言之，异常繁杂。

我曾经两次挑战从确定房源到入住的极限，如果是日本中介，一视同仁，再着急也不会帮你特别加急，最快最顺利也基本要一星期。如果是可以为租房者催文件的中国人中介，可以压缩到 4~5 天入住。这还不包括确定房源之前看房子的过程。

在新学期和新生活开始之前的每年 1~3 月，更是房源紧张，看好的房子不马上预订立刻就会被人预订，好房子 1 个月以后才空出来的坑爹事儿也数不胜数。可以说从看房子那一刻开始，一直到搬家，每一个步骤都是鏖战。

提前准备好大量的时间和金钱，以及提前准备好可能需要的各类文件，才能更快更顺利度过这场鏖战。

关于租房的其他一："訳あり"房源

在这样变态的房地产市场中，偶尔会出现看起来条件很好却异常便宜的房子。可别高兴得太早，有时候这样的房子就是传说中的"訳あり"（有特殊原因而打折的房子）。

“訳あり”最常见的原因就是自杀或者孤独死，也就是之前死过人的房子。或者同楼里发生过杀人事件的房子。另一类就是有着奇葩构造的房子，比如一进屋就是厕所，或者完全没有窗户，或者噪声非常的大，所以最好实地去看房，至少也要好好地看平面图。有时候这些奇葩的布局很容易在平面图中被忽略。

日本甚至还出现了一种职业：专门住之前死过人的房子。住过一段时间后再出租，就是“死过人之后住过人也没事的房子”了，等于说房子被洗白了。就可以多少恢复原有的价格。

关于租房的其他二：太信赖日本中介，就等着被坑

是的，日本的服务业是全球闻名的。但是整个日本，最不值得信赖的服务业，就是房地产业。甚至可以用一团漆黑来形容。

大多数房屋中介都会用同一种伎俩：他们首先把特别好的房子放到网上，待租房者搜索到这间房子联系他们之后，他们会让对方去他们的办公室。当你到他们的办公室的时候，他们会给你至高无上的服务，同时告诉你，你之前看的那个房子其实这里不好那里不好，或者干脆就已经被租出去了，然后给你介绍其他房源。而这些房源往往是他们拿报酬比较多的。

有一段时间因为我必须在短时间内找到房子，疯狂地跑了十多家中介，经验多了，就知道大部分日本中介都玩这种伎俩。后来因为工作关系得知一些幕后消息，才知道这一套日本中介很早就玩得很熟练了。

和日本中介打交道，我有一段实在可称得上惨痛的经历。通过这件事我想告诉大家，在中介的世界，表面和蔼的服务，真的就不意味着负责。

有一年12月，我因为换签证在当月20日左右才拿到护照和日本身份证（没有这些身份证明没法找房子）。但翌年1月2日就离开日本，必须在这段时间内找到新房子。问题在于日本从12月26日左右，就会全国进入元旦假的状态，大部分公司都会从年末放到翌年1月3日以后。所以我必须在一星期内找好。

我在网上找了很多家中介，每一家都详细写了我的绝对要求：1月2日之前必须搬家！否则之前的房子到期，我也不在日本了，东西没有地方放。跟着几家中介看过房子之后，有几家承诺可以年内找到。其中有一个地方和房子都比较满意的，中介的人服务也很热情，告诉我材料怎么写，申请有几个步骤，还说27日我就可以拿钥匙入住了，天真的我就相信了他的话，并且停止了在其他中介的申请。

就这样，递交了材料的我开始等待并且安排27日的搬家。之前口口声声说27日可以入住，并且同我一起幻想搬家后美好未来的中介，到了26日也没信儿。我已经约了27日的搬家公司，觉得蹊跷，就打电话过去问，结果中介的负责人很敷衍地说："哦，你的保证公司申请没下来，他们已经休息了，你要搬只能1月8日以后了。"

这简直就是晴天霹雳。于是我告诉他，1月8日我都不在日本了，不可能那时候搬家。我之前就告诉你的。

中介负责人说："这件事我并不清楚。你当时没说。"

好一个"我不清楚"！当时到他办公室看房子的时候，1月明明有很多好房源，我都因为那时候不在日本而放弃的事情难道他也忘了？从头到尾我一直在跟他确认是否能年前搬家，反复说明我1月2日就出国了，他也丝毫没有跟我说过保证公司的申请可能年前下不来的情况。更过分的是，其实保证公司当天早上就已经和我电话确认过审查通过了，只是还没做成文件提交而已。中介催一催完全是可以出来的。

事实就是他完全没考虑客户的要求，只是机器一样所有人走同样的流程而已。

他不负责任顶多失去一个客户，但是我第二天不搬家就没地方住了，所有的东西都没地方放，十几个箱子总不能扔在大街上然后睡公园吧？无奈之下我只好当晚在所有的 SNS 发求救消息，同时询问我认识的几个做中介的中国人。他们都表示找到第二天入住的房子在日本实在是太难了。还好很多人表示可以把东西暂时放在他们那，热情地想要帮助我。最后很幸运的，正好有个朋友之前租的房子人刚搬走，1 月都空着，我才避免了流落街头的命运。

可是这样的中介，因为还没有发生合同关系，被坑的再惨也只能暗自叫苦，学到教训了。

后来 2 月再找房子的时候，我就学“坏”了。同时看好几个中介，最后是找自己认识的中国朋友的中介帮忙申请。我才体会到，知根知底的中国人中介其实是比日本中介负责不知道多少倍的。朋友每天反复给保证公司和管理公司打电话催，不断地帮我跑，短短四五天就让我搬到了新家。对此我特别感激，逢人就推荐他给找房子。

好多朋友初到日本，第一个接触的就是找房子这项任务，而偏偏这又是一个水很深，坑很大的世界。希望大家都能提高警惕，提前收集足够的信息和前人的经验，多看多问，好好保护自己的权益。

2. 在日本万一遇到大地震，可怎么办？

当你起了一个去日本旅游或者留学工作的念头时，我想周围一定会有不少人关切地问：你不怕地震吗？然后转发一堆言之凿凿，证明日本几年内必会发生××级毁灭性大地震的文章给你。

如果你决定无视这些依旧前往，那么我要称赞你的理性和勇气！自然灾害发生的概率当然非常小。作为一个“3·11”日本大地震的亲历者，我觉得只要有足够的知识和冷静的头脑，就可以最大限度地避免受伤害。

地震要来的时候

现在日本的手机预警系统

已经非常成熟。这个“预警”并不是“预测”。而是在地震已经发生，却还未传到远方的时候提前检测到地震波，再通过电脑和手机网络瞬间向周边地区发出警告的系统。可当之无愧称为人类智慧的结晶。

即使是来日本旅游，如果在闹市区，你一定也会听到周围人的手机响动。同一时间多个人的手机同时响起，那就一定是地震预警来了。比较大的地震来之前会提前 0~20 秒报警。

在这几秒钟内你应该做什么呢？

1. 如果你在家，为了防止火灾造成二次灾害，请立刻关掉一切明火。

2. 如果在房内，请保证逃生出口，立刻打开门或者窗户。因为大型地震可能会导致门窗框变形，如果变形后无法打开逃生可就麻烦了。

3. 寻找遮蔽物保护身体安全，尤其是头部。

从小很多信息教我们可以去厕所躲避地震，的确厕所装修少，家具少，掉落物品相对少，所以有一定道理。不过一定要注意厕所本身的抗震性能。比如日本 1981 年之后的建造厕所才能承受起这样的重任。另外，其实避震倡导的是保住逃生通路，最终可以逃出屋外去更安全的避难所，所以逃向厕所并不一定就是最佳选择。相反，厕所门一旦变形就容易被困住。所以至少要在确保厕所门对外开放，房间门窗开放之后再考虑是否选择此处避难。

地震时

在地震到来的时候，要冷静，一定要等待摇晃停止后再行动！尤其是绝对要避免在剧烈摇晃中冲出建筑的行为。这时候会很容易被从楼上掉落的玻璃等其他物体砸到。摇晃结束后，最好是第一时间打开电视，广播或者上网查看地震情况。震中在哪儿，大概多少级，有否海啸的可能（如果你住的离海近，就要查看是否需要避开海啸）。大部分小型地震都不必避难，但如果是超大型地震，后面必然会有余震，政府会要求你在地震和余震的间隙出门避难。

避难的时候，最好用坐垫或者安全帽（在日本的标准地震包中都有，学校和公司等机构也会发）保护头部。拿好手机，迅速离开建筑物，然后到离自己最近的避难场所。如果是自己家和公司，你最好提前熟悉避难场所。或者用手机搜索。再不济跟着跑出来的日本人走也可以。通常学校，公园和开阔的场地都可以避难。到达以后就观察周围的情况，保持信息通畅。如果是非常大的需要避难的地震，到达了安全的场所以后信息还畅通的话最好立即给国内的家里打个电话报平安（这时候国内应该还没有地震的新闻），以免家人看到新闻后担心。

地震期间和之后一般电梯都会停止使用。如果是在乘坐电梯中遇到地震，一般电梯都会自动检测到并且停到最近的楼层打开门，通过楼梯避难就可以了。在公共场所，服务员一定都受过逃生训练，只要跟从他们的指挥就可以。

地震走后

如果是普通的地震，一般大家就上网发发微博就过去了。但是如果是 3 · 11 这样级别的地震，余震会骚扰你几天甚至一个月。请尽量保持平稳的心态（我当时每天都睡不着觉）和信息畅通，并且在家里预备好充足的水和食物，以防止更大的地震。

另外，日本房屋的大部分燃气设施在大地震的时候会自动关闭，如果你家里地震后没有热水了，可以到屋外去手动开启燃气。任何在日本居住三个月以上的人，政府都会提供详尽的带有图片以及外文解说的防灾手册。我所能提供的所有信息肯定都包括在里面。如果你是来日本长住一段时间，可以在去政府办手续的时候领取并且详细阅读。

不轻信谣言，不传播谣言。相信万全的准备和冷静才是对付地震的最好武器。

3. 独自行走在东京深夜街头，你怕吗？

在短期旅游或者留学的时候，我们接触的都是东京比较光鲜亮丽的部分，自然治安很好。那么那些比较阴暗的地方到底安不安全呢？东京安全的底线到底在哪里？会不会有些很危险不能去的地方？女孩子深夜一个人走路没关系吗？

让我们隆重请出一位在东京红灯区附近长期定居并经常在 IT 公司工作到很晚回家的女子——笔者来为大家解答这些问题吧！

住在红灯区这件事发生的其实很偶然，刚开始工作的时候找房子非常仓促，我对房子要求又很苛刻，什么要有自动冲洗厕所啊，正南向呀，房间要大呀，户型要好啊，要新呀之类的，所以一直就没有合适的。后来！突然有一天发现了一间公寓界的男神，交通离公司又方便，满足了我所有条件又大又漂亮的房子！而且价格很合理！于是当天看完房子就签下了合约。

事实后来才知道是这间房子的的确确是非常不错，可是它价格合理的原因，是处于一个我之前不知道的其实非常有名的红灯区……，我还是太年轻了。

所以一开始，我对安全问题其实非常非常的担心。

为啥会担心呢？大家可能对于日本的红灯区没有具体印象。一般来说这样的地方会是一个很小的区域，然后会有某一到两条街布满了成人服务的店铺，其附近会有配套设施，无数情人旅馆。然后白天这里和其他地方并无二致，到了晚上，每个店铺都会有人出来拉客了。各种一身深色西装黑社会气质的大叔，看起来二流子一样的红灯区拉客大哥，白发苍苍眼神锐利看起来特别像黑社会老大的老爷爷和各种浓妆艳抹的大妈和妹子会站在街两边，不断打量着每一个走过的人。男的一般都西装革履，抽着烟。女的一般是夜总会裙子，浓妆艳抹风尘气十足。

从车站一出来就会有很多站街的大妈，一般看起来都 35 岁以上，几乎没有年轻姑娘。她们一般是在车站看到潜在客户（主要是只身行走的男性）出来就蹭上去，问大哥你想不想去玩啊我们有这样那样的店什么的。然后有想去的客人就直接拉去店里。

因为有这些人，所以从车站前到红灯区这一块基本是肤色杂乱，流浪汉聚集，每当夜晚度过之后红灯区那一条街都是烟头满地脏得很。不过第二天早上清洁工又会把那里打扫得干干净净。这可能是东京最危险最乱的地方了。根据我在网上查到的统计，这一地区周边的犯罪率是整个区其他地方的两倍。

那是不是真的很危险呢？

毕竟才住了两年多，不好把话说死。不过以下事实是肯定的。

我每天下班都会从那条红灯区最“繁华”的街道经过。时间一般是 21 点到凌晨 1 点之间。除了经过红灯区以外，要到达家里还需路过一两个小街区，有天桥，路上不是很黑也不是很亮。但是从未有过危险。

有的人可能要说，没准你长得就很安全。当然你要非这么想去否定我的结论也是没办法的啦。不过日本很多事情都有规矩，就连搭讪、

拉客这种事情都是有规矩的。想搭讪的小伙儿一般要在车站前活动，搭讪内容分为两种：一种是“要不要去喝一杯啊”，一种是“要不要来我们店打工啊”。而且他们会很有耐心很难摆脱。但是一旦出了车站前面广场这个界限，他们绝对不会继续跟着你，也不会尾随，只老老实实在规定范围内活动。

同样，红灯区的“工作人员”也是非常懂规矩的，首先他们几乎不会跨出自己的工作区域，从这条街开端，到这条街结束为止。再往前走 10 米，就和日本其他地方没什么两样。而且他们非常尽忠于自己的工作，对于非客人是几乎不会理睬的。最开始我天天走过那条街，偶尔还有印度大叔工作人员打招呼说要不要来我们酒吧喝一杯啊，后来估计他们看多了我拎着菜、拎着一堆购物袋、一个人抱着巨大微波炉、工作一天蓬头垢面走过的场景，就熟视无睹了。

可怕的事件也是有的。比如有一个周六早上出门，看到两个男人夹着另一个男人在往前走，明显是有胁迫的样子。中间那个男人就想跑，嘟囔着“你们走开”什么的。到后来三个人就开始大声嚷嚷“杀了你！”（就是大家喜闻乐见的“扣楼死”啦），不过我没看，他们到最后好像也没动手……这在日本的一般生活中就算是顶级可怕的事件了，居然有人大声嚷嚷吵架！真是吓坏了。

当时，我穿着高跟鞋平静地从他们身边走过……

当然这样的地区，要说完全没事那也是一派胡言。到如今我都没有遇到过什么事，除了整体犯罪率确实可能没那么高以外，当然也有侥幸的因素。那么在这一片地方到底发生了多少犯罪呢？我查阅了一下警察局 2015 年 1 月到 5 月的记录，这个街区发生犯罪件数的等级范围如此。

全部犯罪：127~237件

路上小偷：13~28件

入室/入店盗窃：15~27件

自行车盗窃：18~31件

粗暴犯（比如刚才的“杀了你！”事件这种都算）：35件以上

有趣的是，“粗暴犯”这一项在风俗街地图那一块是血红色（代表最高等级的数量），而其相邻的地方马上变成了绿色。可见绝大部分吵架斗殴都是在那条街内发生的。而入室/入店盗窃，很不幸的，目标就转移到了旁边的一个街区。

同时，我还参考了东京都整体入室/入店盗窃的数据：

入室盗窃率在56%左右。而其中一户建（独门小房子）占到了差不多一半。4层以上的公寓差不多9.3%。也就是说我住的公寓中实施的盗窃差不多半年有1.35次到2.43次。这样的盗窃其实是很危险的，因为遇到主人回家可能会转换成伤害事件。

所以，住的高一点就好。再就是偶尔买个男士内裤挂出去晾一下，免得被盯上吧……

不管怎么说，在一个非常混乱的地方我觉得这个程度是可以接受的，但毕竟比起东京其他地方还是略不安全，所以也在考虑房子到期后搬家，离红灯区远一些就完全没问题了。

不过平心静气地说，我住的地方毕竟还是属于特殊情况。大家了解了情况最坏的底线之后，可能会对平时看不到的东京有更多的了解。那么更全面更权威的评测又是如何呢？我想下面的数据会给你一个相对满意的答案：

美国《经济学人》发布了2015年全球安全城市白皮书。这项报告比较了四个指数：数字网络安全、医疗健康安全、建筑设施安全、个人的安全。

“Tokyo tops the overall ranking.The world’s most populous city is also the safest in the Index.The Japanese capital performs most strongly in the digital security category，three points ahead of Singapore in second place.”

（引自2015年全球安全城市白皮书，美国《经济学人》）

东京综合排名首位。这座全世界人口最多的城市同时也是全世界最安全的城市。

Tokyo also ranks in the top five for personal safety and infrastructure safety，despite suffering regular earthquakes and being home to the world’s largest urban population7（38m，according to the UN8）.

（引自2015年全球安全城市白皮书，美国《经济学人》）

东京在频发地震拥有世界最多人口城市的情况下，仍然在建筑设施安全和个人人身安全这两项上跻身世界TOP5。此外网络数字安全方面为世界第一。

尤其是“建筑设施安全”一项中，评价时包括了因灾害受伤死亡的人数，所以其实地震多发的东京在天然条件上本是非常不利的。但即使包括了这一项，却仍旧超越了大部分没有地震的城市。所以单看东京“有地震”而得出不安全的结论其实是有点武断的。在个人人身安全排名方面，东京则以微弱劣势输给了新加坡和大阪。

感兴趣的朋友可以在网络上搜索“Safe Cities Index 2015 White

Paper”，阅读或下载这项报告。

当然，这世界上没有绝对的事。调查结果和我个人的感受，绝不代表住在这里就一定不安全天天被抢劫，住在那里就一定可以高枕无忧永远不会倒霉。但是在城市发展经济之后的下一步，我想人们的愿望就是去完善各种制度、设施和细节上的管理，让不幸的人更少一点。

在这个问题上我对国内其实是非常抱有希望的。对，在出国之前我也对国内诸多现象有不满，感到气愤，但是正因为是走了几个国家，看到了很多，再回过头来看自己的祖国的时候，会感觉到是在孵化阶段的生命。固然是在痛苦挣扎，但是她拥有的东西比其他城市都要多得多：希望、活力、更好的未来。

再回到东京，回到我住的这个小地方。

其实经济学人的白皮书中有这样的一句话：“统计学上的安全，和人们实际的安全感是有差异的。”

也就是说可能数据上看起来很安全，但是实际上人们却觉得很不安。说说为什么在东京我会感到“我很安全”吧。

在红灯区旁边居住的时候，我家附近有一个住在天桥下的流浪汉，穿得又脏又破，又不洗澡，大胡子，头发有点半白。他每天早晨会整理他收的一堆易拉罐，以卖这个为生。

天桥下有好多好多鸽子，每天早晨我上班的时候，总会看到这位流浪汉用自己卖易拉罐的钱，买点便宜的粮食喂那一大群鸽子。鸽子也总是安心睡在他身旁。

这也许就是“东京是否安全”的最终答案。

4. 吃得起西瓜才是真土豪

这两年日元可以说是涨涨跌跌，跌宕起伏。每次日元大降，都是一片留学生欢欣雀跃，白领悲鸿遍野。日元大升，则是留学生们失声痛哭带着剁手党和做代购生意人群捶胸顿足。其实心平气和地说，2014 年之前的日元汇率还是 100 日元约合 8 元人民币，比大家印象中的都高很多。所以完全不必为了 100 日元从 6 元人民币涨到 6.5 元人

民币而悲伤，真的真的已经很便宜了哦！

相信除了汇率之外，很多朋友关心的就是——在日本生活到底有多贵？

日本这些年的物价和生活成本基本上比较稳定。不过和中国日新月异的经济发展一比较，这情况每一年都不一样了。五六年前从国内来日本还会感受到比较大的消费水平差异，而如今国内不少大城市的物价甚至已经赶超了东京。那实际上一个月衣食住行到底需要多少日元花费呢？就根据我个人的生活经验来同大家一起看看吧！

因为汇率总是在变的，所以基本上会以日元为准。为了易于判断，我会参考执笔时的汇率（100 日元 =6.5 元人民币）来给大家提供一个参考价格。

居住：东京房租高炸天

首先是房租，在日本大城市地区，交通网络比较发达，东京市区经常去的地方一般 40 分钟内乘电车都可以到。所以到达市中心一小时左右车程的区域其实已经很远了，大多在千叶，琦玉等临近东京市的省（日本称作“县”）。如果是这样的“偏远区域”，3 万 ~5 万日元（约合 1950~3250 元人民币）已经能住一间不错的，20 多平方米的单人套间了。虽然面积小，但是玄关、厕所、浴室、厨房都五脏俱全，加上一个 10 多平方米的卧室，足够设置单人床或半双人床加衣柜及书桌，也省了合租的麻烦。因为在这样的大城市，房租都是最大的大头，所以居住这样的房子可以把生活成本压得很低。

其实条件允许的情况下，不少外国人租房子还是会选择离工作地点和学校较近的市区，到东京市中心 20~40 分钟的距离。房价根据木结构和钢筋混凝土结构以及建造时间，价格各有不同。木结构一般比较便宜，离车站比较近的一般 6 万 ~8 万日元（约合 3900~5200 元人民币）比较多。当然了根据车站和具体地点不同，房价也会有浮动。而钢筋混凝土公寓就比较高级了，一般在 8 万 ~12 万日元（约合 5200~7800 元人民币）不等。一般 12 万日元已经是单人居住非常高级宽敞的房型了，也有一些甚至适合双人合租。

但是正如本书前文提到的，在日本租房子最开始还要多交不少其他费用。把这一部分也要考虑进去，就更贵一点。

吃饭：越健康越贵，水果让人流泪

如果你在学校和公司有食堂，那就可以省下一大笔钱。一般食堂的饭菜在 400~700 日元（26~45.5 元人民币）。最便宜的，吉野家、

松屋等牛肉饭的一个套餐也差不多是这个价格。如果是“正经吃顿饭”，这几乎是最低标准了。如果还想省钱，就只能在便利店买方便面或者饭团，可以把一顿饭压缩到 100~200 日元（约合 6.5~13 元人民币）。但这样会营养失衡，并非长久之计。

另外你也可以选择自己做饭。下面是比较便宜的超市里可以买到的食材平均价格：

10 个鸡蛋：13 元

一升牛奶：12 元（但是百元店里 6 块钱也可以买到）

一斤牛肉本地：229.5 元

一斤进口牛肉（澳大利亚等）：55 元

一斤猪肉本地：71.4 元

一斤猪肉进口（美国等）：50 元

一斤鸡肉：36.9 元

一斤：各种鱼：30~50 元

一个西瓜：120 元

可能你已经发现，在日本东西的价格似乎有一个“下限”。同等水准的东西未必贵，但是特别便宜的，2~10 元人民币的东西却几乎没有。这样想想，能吃到煎饼果子的中国人真的无比幸福呢。

那么不省钱吃饭的话，大概要什么价格呢？一个人吃便宜的，拉面，盖饭等一般 800~1000 日元（约合 52~65 元人民币），和朋友聚会去居酒屋或者饭店的话，每个人 2000~4000 日元（约合 130~260 元）。

衣服化妆品：高品质白菜价

在日本我觉得性价比最高的就是衣服。

最便宜的牌子比如优衣库、GU，这类品牌一件衣服 1000~3000 日元不等（约合 65~200 元人民币）。

以 25 岁以下的女留学生为例，一般买一件衣服在 2000~5000 日元（约合 130~325 元人民币）。这个价位可以买到设计和质量都非常好的女生衣服了。上班之后如果不追求国际名牌，一件衣服卖到一万日元（约合 650 元人民币）左右已经相当上档次了。并且每年 1 月和 7 月绝大多数品牌和商场都会进行大减价，毫无瑕疵的商品五折三折比比皆是。化妆品更不必说，极高的性价比已经成为游客们爆买的对象。

有人说，女孩子到日本生活是最容易适应并且快乐的。想到琳琅满目的衣服化妆品和橱窗里各式好吃的甜品，这一点还真不得不赞同呢！

交通：不可忽视的支出

日本的交通费和国内相比就比较贵了。刚来日本的时候，去稍远的地方玩来回交通费都要 60 多元人民币，当时可真是肉疼！

东京周边的出租车起步价一般是 730 日元（约合 47 元人民币），

而且晚上超过 10 点还会有“深夜料金”，价格加算 20%。据说日本经济泡沫时期，很多公司报销出租车都不设上限，工薪阶层也是出门就打车，特别阔气。这样的情形现在可没有了。不过东京内最近实施了更低的近距离起步价 410 日元，鼓励大家短距离的时候多多利用出租车。

公共交通也相对比较贵。东京都地铁票价最低 190 日元（约合 12 元人民币），公交车票价一般 200 日元（约合 13 元人民币）。考虑到地铁转轻轨交通还要重新付费，坐个公共交通单程就要二三十元人民币是经常的事。一般如果是打工或者上班的话公司会全额报销，但如果是留学生自费的话，这笔支出也是不可小觑的。

综上所述，东京以外的地区物价和房价都会便宜 20%~30% 不等。当然，相对收入也会稍低一些。最后再补充一下日本的一般收入水准吧。

在东京都内，像便利店、麦当劳等零工一般一小时 900~1000 日元 / 小时，合人民币 60 元上下。日本的国民平均年收入 350 万日元，合 22 万元人民币左右。大部分大学生毕业进入公司以后年收入可以达到 300 万日元。比较优秀的学生第一年拿 400 万 ~500 万日元年薪(26 万 ~32 万元人民币) 也是大有人在的。总体来说，一般单身人士只要全职工作，生活上不会有什么经济压力。考虑到买房，育儿等则可能要从长计议。一般工薪阶层买房，要么在东京都内买公寓，要么在稍远的外县买独栋小楼，一套房子价格一般在 200 万 ~400 万元人民币。

在这样一个社会，只要你肯劳动，就不会受到贫穷的困扰。但同时由于收入平均化，社会系统相对比较成熟固定，也较难一跃成为有钱人。对留学生来说，最好是利用自己的语言优势或者专业知识在日本适当打工，来消除国内外的消费水平差距。随着日本观光在中国的火爆，对中国人才的需求也日渐增长，这对于我们来说或许是个不错的趋势哦。

5. 日本人看病都去街头小诊所

人们都说，在国外两件事情最难做：剪头发和看病。因为两种情况下，即使外语水平已经适应日常生活，还是会遇到坎儿。因为“给我剪个后面短些前面长点头顶厚实一些耳朵边要打薄一点”和“昨天开始脑袋里面就一跳一跳的疼，身上也乏得很”一样，这样的事情非常难以描述，并且稍微有一点不准确都会影响到造型师和医生的判断。剪了个失败的发型还能等长回来，病治耽误了可是大事。

抛去语言问题不说，在日本到底如何上医院，看医生？其实在日本，人们很少有机会去真正的医院。大多数时候看病的地方都是诊所。这可不是赤脚医生的临时据点，完全可以放心哦。其实在日本，考取了行医资格照的大部分医生都会独立开诊所。所以走在路上你就会发现“佐藤齿科诊所”“田中皮肤科诊所”等。一般头疼脑热首先去的就是这种地方。

每家诊所都有其诊病范围，所以一定要在网络上查询过或者打电话确认以后再去，否则可是会被医生遣返回家的，还得白白交一笔出诊费。诊所大多数周末都不怎么开，所以上班族基本

上只能请假去看病。

由于在日本居住三个月以上的居民都会被强制要求加入健康保险，所以到了诊所第一件事就是提交保险证让医院登录。还有填写一大堆表格和问诊用的问卷。之后就老老实实坐在椅子上等着叫到自己就好了。轮到自己时就会在诊室里和医生面对面交谈。有的时候会现场马上做机器检查或者抽血。如果当场可以下结论医生就会诊断开药，如果需要等待检查结果的话就要过几天再来一次接受诊断。

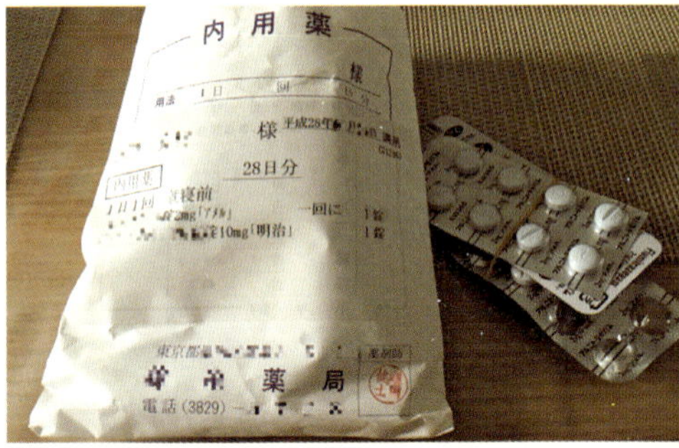

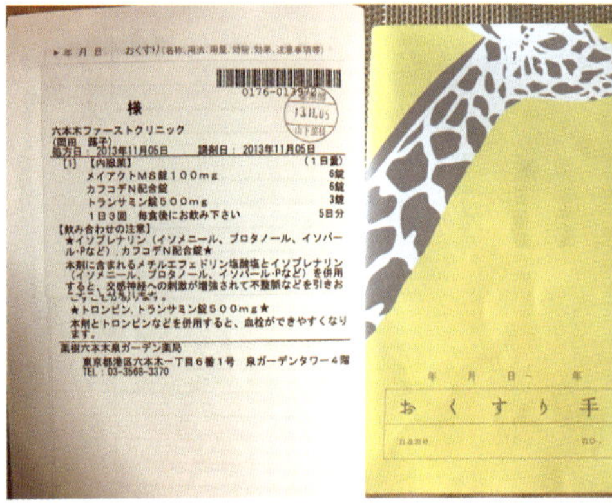

有趣的是，诊所一般是不卖药的。患者只能拿着医生的诊断去邻近的药房开药。不过更神奇的是，在诊所附近几乎一定会有药房。第一次进入药房时，还是会重复那套提交医疗保险证，填写表格的程序。同时药房人员也会进行简单的问诊再给药。

处方药一般都是严格按照天数给的，从药盒里拿出来剪成小块，只给医生开的量。同时还会有一张纸详细写明每种药的名称、功效和服用方法，并附带药品的照片。

一般每一种药店还会发行一本“服药手账”，有些设计还相当可爱的。这本手账会记录每一次就医吃药的历史。开药的时候都会给一张本次记录的贴纸，可以贴到手账上，这样就可以作为诊断开药的参考。

有收集癖的人会不会被激发出收集贴纸的乐趣呢？——当然了，这样的贴纸还是越少收集越好。

一般来说，加入健康保险之后看病的费用自己只需要支付三分之一。一般的病吃的药也非常便宜。不过如果是比较棘手的病，诊所的医生便会开具介绍信，帮我们申请去大的医院治疗。

大家可能都有所耳闻，日本女孩子都想嫁两种人：医生或者律师。因为这两种职业在拿到专门资格以后，收入是相当高的。一个成熟稳定的医生，年收入甚至不亚于公司老板。有次和朋友聊天的时候都听说，以前曾经有贩卖健康医疗器具的人，四处找医生合作，希望在诊断之后能够适当的推荐他的产品，并承诺给医生非常高的回扣（卖出一个回扣 5 万日元，约合 3000 多元人民币）。但是医生却拒绝了他。并不是因为医疗器具对病人有害，而是医生根本不缺钱，懒得帮他推销……

这样的收入水平，也间接保证了在遍地个人诊所的今天，医生群体仍旧能够保持整齐划一的较高水准的服务。毕竟医生也要吃饭，有丰厚的收入，他们才可以把所有精力只放在提高医疗水平上面，一心一意只研究治病救人。

别看日本西医在世界上算是数一数二的发达，其实他们也非常相信中医。但主要集中在中药以及针灸两方面。如果药店写着“汉方”两个字的话，就代表里面配有懂中药的药剂师，想调理身体也可以去问他们开方子。当然针灸诊所的从业人员也都是拿到资格证的针灸师。在肩膀肌肉酸痛，跌打损伤的时候可以尝试一下。

除此之外，值得一提的是日本的体检系统。在日本全套精密体检被称为“人間ドック”，和国内一样，很多企业会每年组织体检，也可以自费去医院进行更详细的体检。最近在国内高收入层中，到日本“体检旅游”的项目特别流行。有不少人会专门来日本进行全身的精密检查，癌症早期检查或者心脑血管检查，一套检查费用几十万日元。提供服务的公司还会为他们配备精通医学词汇的专业翻译并安排与之配套的旅游行程，这也是今后值得瞩目的一项生意。甚至有商业头脑的人敏锐地捕捉到这个风向，组织面向在日华人的“医学翻译培训班”。交一笔钱参加培训，据说就能拿到医学翻译资格，成为体检旅游翻译获得相对较高的薪水。不过笔者也只是听说过，身边还没人验证这样的培训班是真是假。

总之，在日本看病相对比其他欧美国家容易许多，价格也便宜许多。希望大家在日本身体不舒服的时候不要硬挺，一定要相信科学，及时就医哦！毕竟只身在外，好好保重自己才是一切生活的本钱。

6. 扔大件垃圾，请先买票

日本传说中的垃圾分类到底有多精细？实际上人们是不是在遵守呢？我想你也一定很好奇吧。

垃圾分类回收在日本已经成为常识，也是一种义务。无论在街头还是扔家庭垃圾都要注意分类。无论你住在哪里，都会有一张“垃圾回收说明”，每一种垃圾都要在指定的日子扔到固定地点。比如星期一和星期四只能扔可燃垃圾，星期二只能扔塑料瓶，星期三只能扔不可燃垃圾……所以一般日本家庭也会准备几个不同的垃圾桶，以便于分成几个袋子，在相应的垃圾回收日扔出去。

但是，光分类扔垃圾有时候还是不行的，需要自行做一定处理。一般粗分以下几种。

可燃垃圾：厨余垃圾、一般生活垃圾、植物等。

一些垃圾燃烧炉比较老的区还要把“塑料”分出来，包括塑料袋，食品包装的塑料部分，塑料吸管，凡是塑料都要区别对待。这种分类方法在各个公司里也比较常见。不过塑料和纸分开实在麻烦，一般人也不会严格遵守，所以很多区也废除了这么细的分类，可燃物一律统一回收。

由于不少家庭有院子，所以会有体积比较大或者较长的植物垃圾，这时候要自己处理，剪成小块再放入袋子。

不可燃垃圾：金属、玻璃、雨伞等。

凡是烧不掉的或者含有不可分割的烧不掉部分的都算作不可燃垃圾。

特殊资源：很多可再生资源，虽然本来是可燃物，但政府会建议市民不要放到可燃垃圾中，而是处理以后另行回收。一般有以下几类：

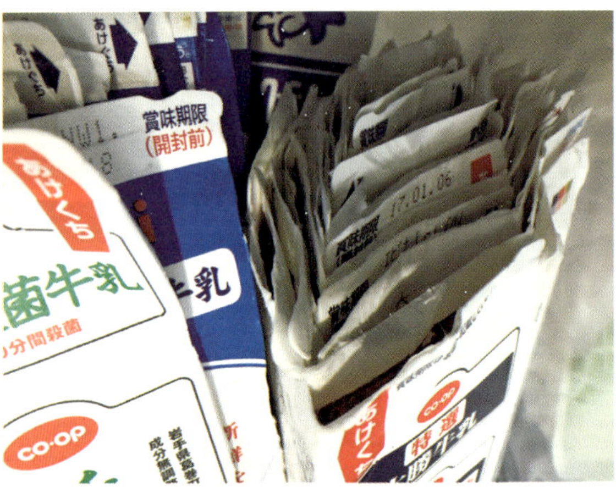

1. 可再生的纸类。比如杂志，比较大的纸盒纸板，都要绑在一起扔出去。

牛奶和果汁纸盒，都是喝完剪开洗净晾干再捆在一起扔的。

2. 塑料瓶，需和瓶盖分开并洗净晾干。瓶身上的包装纸要撕掉扔到可燃或者塑料分类里面，因此大多数瓶子的包装都做成很容易撕开的设计。如果你有机会接触的话，可以观察一下。甚至有些地方做得更细，会把瓶盖和瓶身分开回收。下图是一幢高级公寓中用来扔塑料瓶的回收袋，在这种情况下管理员会把住户扔掉的瓶子统一处理后再扔掉。

3. 易拉罐，同样需要洗净并压扁后扔掉。

饮料类容器为什么要洗净呢？因为不洗净残余的饮料会腐坏产生臭味，对卫生环境和操作人员都有较大的影响。那洗净是否是对水资源的浪费？其实如果不在每个家庭洗净，在资源回收再生处理之前也要统一冲洗。这时候因为没法一个个瓶子对着瓶口去洗，所以浪费的

水其实更多。而如果是每一个人在家里冲洗的话，一点点水就可以带走剩下的饮料。所以通过所有人做出一点劳动，其实是大大降低了总体的回收成本。

4. 大件垃圾：

超过一定尺寸的大件电器和其他大型垃圾，要跟区里申请，然后买了标签扔出去，不可以随便弃置。车配大型零件等更要特殊申请。“扔垃圾也要钱”让很多外国人来日本以后感到非常不习惯。

如前文所说，以上所有垃圾扔的日子都不一样。更有甚者，有些地方只能赶着早上 9 点之前扔出去，错过了就只能等下次。可燃垃圾一般是三天扔一次，其他的一周左右一次。所以一旦犯懒扔不出去，家里就很有可能变成垃圾堆哦！尤其是夏天，那味道可是非常难以忍受的，为了减少垃圾带来的味道，日本便有了一种神奇的机器——生垃圾处理机。把厨余垃圾倒进去，就会自动慢慢烧成灰，还可以做庭院肥料。

我曾经和日本人一起合租一幢小别墅，同住时才发现他们处理垃圾之细致——洗净晾干都不省。如果你入住高级公寓，一般会有一个特殊的垃圾间，几种垃圾都有摆放的空间。住户只要把垃圾分类好，任何时候都可以放到垃圾间，会由管理员统一整理收集之后，在固定的垃圾日倒出去。不少学生宿舍也是如此。

不得不说，虽然垃圾分类麻烦至极，但是真的会使公共区域非常非常干净。在其他国家扔垃圾到垃圾场的时候，难免会有腥臭迎面扑来，但是在日本因为没有扔厨余垃圾的大垃圾桶，而是大家自己装在封闭的塑料袋里当天早晨放出去，垃圾车半天之内收走，对室外环境几乎没有影响。正因如此，大家也都很愿意配合垃圾分类回收，把它当作是理所当然的事情。希望有一天，我们也能够真正做到垃圾回收实施到每个人，然后感受到它给我们每个人带来的好处。

7. 请注意，不要在日本的洗手间吃饭

日本的名门私立庆应大学的厕所里曾经有这样一张告示：

“请正确使用厕所。”

“在厕所单间里禁止以下行为：吸烟，涂鸦，吃饭。”

乍看似乎不可思议，但是在日本，躲到厕所单间里吃饭的人如此之多，以至于日语里面出现了一个新词来形容这种行为：便所饭。

什么？！厕所里居然能吃饭？而且还屡禁不止？难道说日本人有特殊的癖好？我可是在厕所里嚼口香糖都觉得恶心啊！到底是什么样的厕所，会让那么多人进去吃饭？那么就让苏菲来给大家揭秘日本形形色色的厕所吧！

Level 1：和式厕所

日本的厕所和我们国家的一样，也分为两种，坐便（洋式）和蹲坑（和式）。只是在东京，无论是公共场合还是家里，和式的蹲坑厕所已经非常非常少见，只存在于一部分车站，一部分公园或者个别老房子、老楼里。也有人说，由于车站是公共性最高的设施，才特意做成一半和式一半洋式，以方便不习惯使用马桶的人。

下图就是一张日本和式厕所的照片，和我们的并没有什么不一样嘛！

不过，即使是和式厕所，有两样东西也是必备的：卫生纸和生理用品的垃圾箱。对的，正如传说一样，日本只要是个厕所，就 99% 的概率提供免费的卫生纸，而且一般放置若干卷备用的在单间里。也因此，许多旅日华人在归国之后，曾经无数次面临上厕所总是忘带纸的尴尬……

一般来说，大多数人不太喜欢和式厕所。因为习惯了坐便就会觉得和式厕所比较脏（因为你看得到 ×× 啊）。即使是像下面这样干净的厕所，也会想要上完了赶紧走掉。（什么？难道还有不愿意走掉的吗？你听我慢慢说哈……）这种和式厕所更为常见，和第一种的区别就是为了卫生，会有自动冲水装置。下图中亮着红灯的装置，用红外线的原理来监测人的移动然后冲水。当然，很多时候为了防止自动冲水装置失灵或者停电，都会另外有一个备用手动冲水按钮。

Level 2：洋式厕所

这样的厕所在公园和车站经常见到。坐便 + 卫生纸（还有一卷备用）+ 垃圾箱。地面很干净，坐便一尘不染，真不错！

真的不错吗？！

其实以上这个算是在洋式厕所中最简陋的配置，在比较老的楼房或者疏于管理的设施里面比较多。更讲究的地方，至少会在墙上多出这个装置：

这是用来给坐便垫圈消毒用的装置。弄一块卫生纸放在喷头下，然后按一下蓝色的按钮，就会有消毒液喷到卫生纸上，这样就可以在擦拭垫圈之后再如厕了。

但是仅凭这样，还是会被嫌弃是又旧又老的厕所的。

Level 3：洋式温水洗净厕所

名字看起来很高大上，其实就是我们熟知的“洗屁屁马桶”啦。

这样的厕所才是在各个公司，百货商店，饭店，家庭等广泛采用的。这样的厕所会因为型号新旧而功能不同。最基本的老式只有后侧洗净，前侧洗净（女士专用哦）和强度调节三种功能。大众普遍使用的型号，按钮更多一些，可以垫圈加热和消臭。冬天有个暖暖的马桶垫圈很幸福哦！

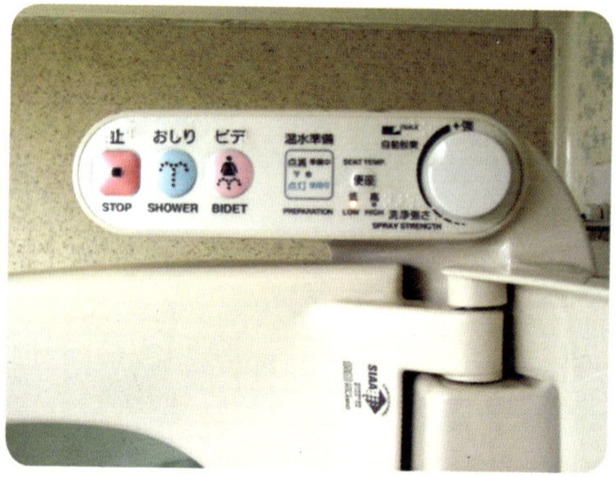

也有些地方的控制面板是设置在墙上的，应该是最初施工时就被纳入考虑的缘故。

下图这个控制面板，是不是比遥控器还复杂？因为它加入了强力洗净和弱力洗净的选项，还可以调节温度，节电模式等。顺带一提，大多数洗净按钮连按两次，水流就可以前后摇摆，洗得更干净，更愉快！

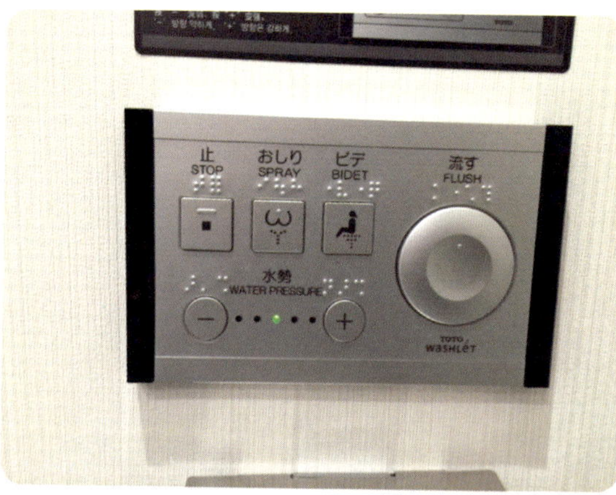

遇到下面这样的马桶，就嫁了吧！

这是一个百货店里面典型的厕所单间。温水洗净马桶，卫生纸，自动冲水一应俱全。不错不错，路过的话我会去里面“方便”一下的。

咦？只是这个垃圾桶是不是有点寒碜？

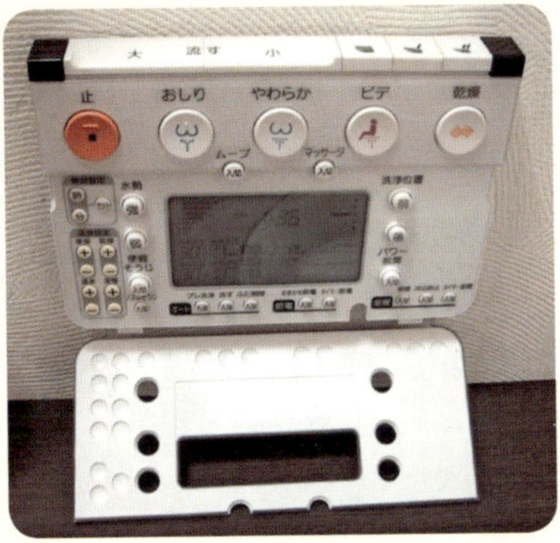

Level 4：进阶洋式温水洗净厕所

于是日本人又悉心研究，发明了这样一种装置：

生理用品垃圾箱。把手放在黑色的红外线感应器上面，过两秒左右盖子就会自动打开。

把用完的生理用品放上去就可以了。（当然一定要包好……）过几秒钟盖子就会自己自动合上。

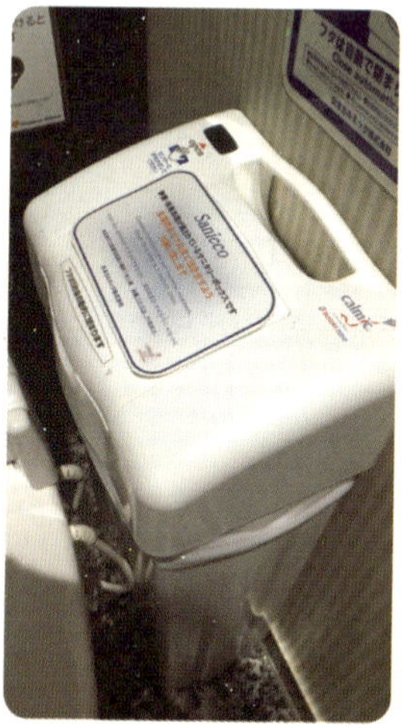

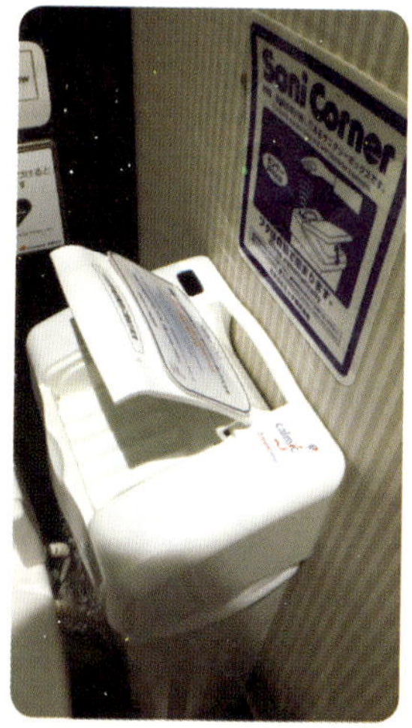

有些温水马桶上，还可以看到这样的按钮：

“音姫”是什么东西？可不是按了按钮就有妹子跳出来哦。而是按下的话马桶就会发出流水声，可以掩盖自己如厕的声音。

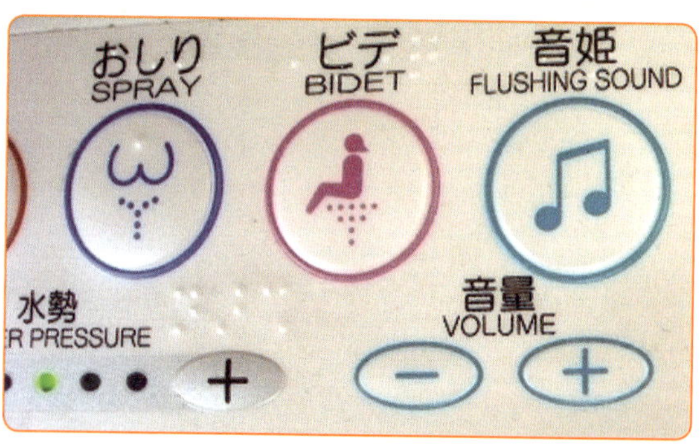

最初发现这个的时候真的是给跪了……心理要有多么脆弱才会发明这种东西啊？摔！！！！但是日本的妹子们都是使用“音姬”的，因为想要做女神的话，就连上厕所也不能让别人听到很尴尬的声音的！

于是乎，厕所就进化成了左图这个样子。

这是厕所的终极形态吗？不是。

在日本，外出带着小孩子的妈妈很多。为了方便这些带着婴儿的妈妈们，在厕所里经常可以看得到右图这样的设施：

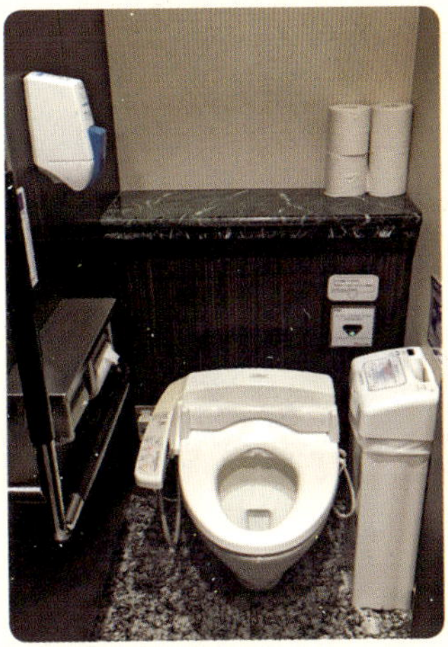

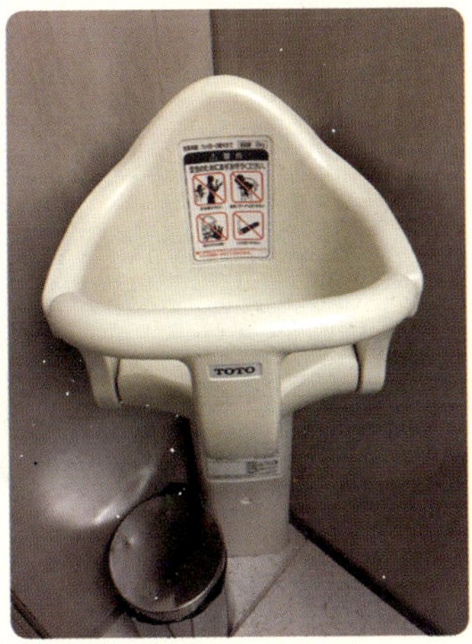

妈妈上厕所的时候，就可以把宝宝安安全全地放在这里啦。而且一般都是面朝着妈妈的，很贴心有没有！

好了，厕所里的神器们介绍得差不多了。下面就盘点一下厕所单间外面那些事儿吧！

洗手池

基本上和我们没什么太大区别。只是大多数水龙头和洗手液已经是红外自动式，当然，被红外线无视的情况也时有发生……我见过的最豪华的洗手池，是在冲绳的一家牛排店里。

干手器

基本上和国内差不多，但我特别喜欢下面这一种干手器。

它的用法是把双手伸进去之后慢慢抽出来。由于风是往下吹的，水珠大部分都会被吹掉。一般 5~7 秒手就可以全干，比其他种类要快很多。

化妆台

因为地方小，所以化妆台和化妆间没有大量普及。90% 的百货商店都有，比较大的车站也可能会有。但饭店一般很少有单独的化妆台，都是直接利用洗手台化妆。

百货商店一般会有独立的化妆间。空间不够的话，就直接在洗手台对面或者旁边设置化妆台。

生理用品贩卖机

有的时候可以看到这样的机器，是贩卖生理用品的投币机，对于解决紧急状况非常有用。

无障碍厕所

日本的无障碍做得非常到位，几乎所有厕所都配备完整的无障碍设施，或者设置专用的无障碍厕所。尤其是在公共场所屡屡可见。

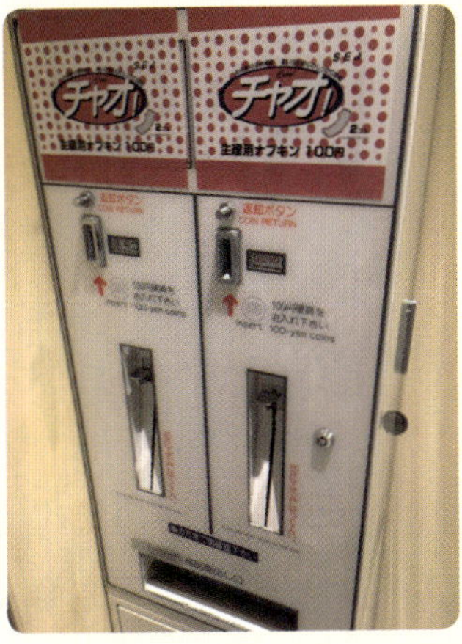

如果是这样的一个干干净净，毫无异味的厕所，相信你也不会对在里面吃饭有所抵触吧。

事实上，在一些工作氛围非常变态的公司，厕所成了员工偷偷睡觉的地方的事例也不少见。

日本人在意他人的目光到了一种变态的程度。在一些公司里面，工作时间睡觉，哪怕是小憩都是不适当的行为。可怜的员工在缺乏睡眠的时候只好去厕所单间里睡一会儿。曾有朋友说过，“到了那种时候，想上厕所都进不去，里面都是睡觉的人”。让人啼笑皆非。

也正是这样的日本人，认为自己一个人吃饭是一件比较丢人的事情。因为自己行动可能会让别人有“那家伙是不是人缘不好？”“是不是没朋友啊？”的感觉。所以为了逃避这样的目光，有的人就选择一个人在厕所单间里，或是其他任何人都看不到的地方吃饭。

这种行为，甚至还衍生出一个心理学上的名词：“午饭同伴综合征”（ランチメイト症候群）具体的解释如下：

这种综合征的主要症状表现为：害怕自己一个人吃饭。一个人吃饭的话就会怀疑自己是否没有作为人的价值。此综合征在年轻人身上最为多发。

也就是一个人的时候就会很不安，怀疑自己是否是个没有魅力或者人缘不好的人。

说起来的确很神奇，作为原本毫不在意这类事情的中国人的我，在日本住久了居然也会经常有这类不安。调查表明，美国的年轻人也会出现类似的症状。这可能是发达国家共通的问题。

看来并不是社会设施变好，物质上变得丰富，人们生活中的问题就都会得到解决。恰恰相反，这些问题会以一种意想不到的新形式表现出来。

希望我们也有这样洁净而先进的厕所。也希望我们的厕所里面，不要有独自用餐的人们。

8. 神通广大“西瓜卡”

东京的公共交通的发达，恐怕主要是通过下面这张图出了名：

这张图内包括了东京都市圈内几种主要线路：

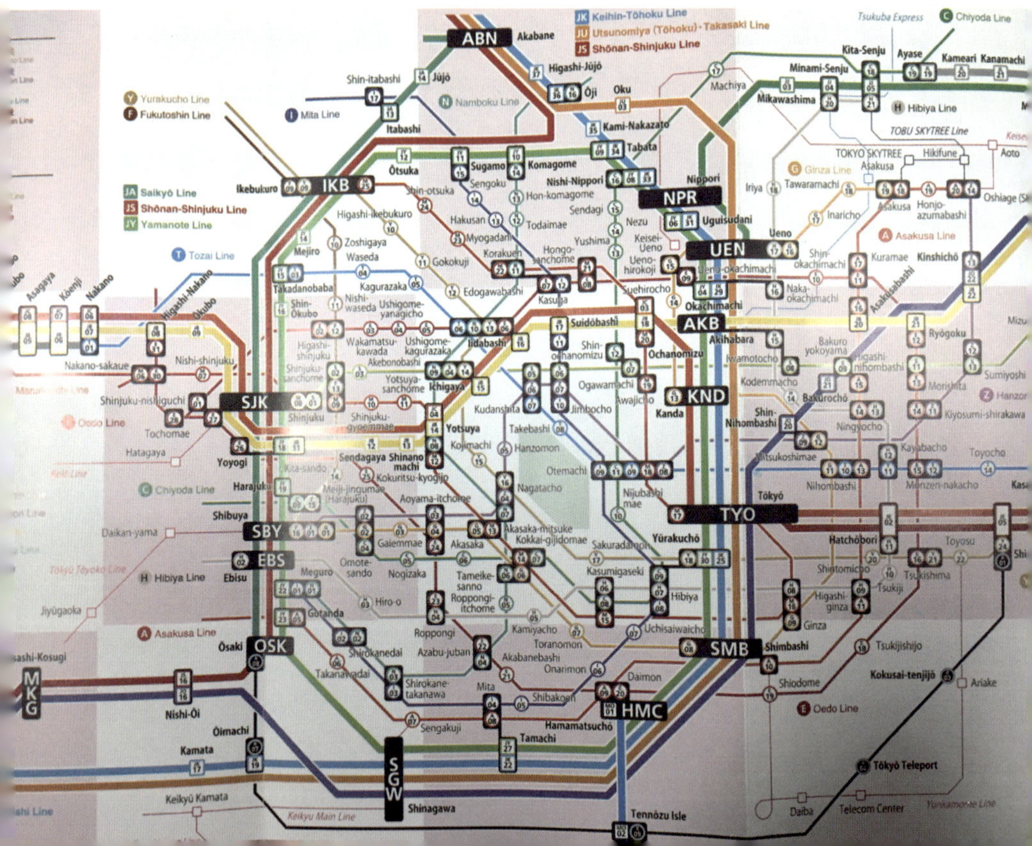

- 东京地下铁 Tokyo Metro
- 东京都营地下铁
- 东京轻轨 JR
- 东京的私有轻轨

这张图，曾经让多少年轻人在深夜痛哭，又曾让多少旅行者就地吓尿……

今天要给大家介绍的不是已经被说烂了的东京交通系统，而是在这交通系统中，逐步完善，最能代表日本科技特点的结晶——西瓜卡。

还记得上面那四种交通线路吗？这四种线路各自由不同的组织运营，收费也是分开来的。有点类似于下了地铁转公交车，要收两次钱。也就是说如果坐东京 Metro 地铁到某站转都营地铁，价钱会比只坐东京 Metro 地铁走相同的距离贵。

在这其中，有两家线路推出了自己的交通卡。也就是东京 Metro 地铁的“PASMO 卡”和 JR 的“Suica 卡”。以下便是这两种卡的最基本的样子。

由于“Suica”发音和日文的西瓜（すいか）相同，所以也被中国人称为西瓜卡。其服务于 2001 年 11 月开始。2007 年 3 月，地铁方面和巴士方面联合推出了“PASMO 卡”，并且从那时开始，在东京上述两种交通卡可以通用：除了购买月票等特殊功能需要到各自的站点以外，平时刷卡时，二者基本是没有区别的。

在2013年以前，“PASMO卡”在全日本的使用范围还是比“Suica卡”小。毕竟JR公司的线路是遍布全日本的，SUICA也可以直接到大阪，福冈用。就好像北京的交通卡也可以拿到上海去刷一样。

不过，从2013年3月开始，日本的交通电子卡网络完成了终极进化。全国10种交通卡完全联网，任何一种卡都可以拿到全国刷了。

但是交通卡的先进性，远远不止如此。

西瓜卡的刷卡机已经普及到了我们想象不到的地方，真正达到了“一卡走天下”的程度。下面就让我们来看看这张神卡都可以做什么吧。

全部交通工具通用

作为一张交通卡所要加的基本技能。东京所有巴士、地铁、轻轨、机场线、出租车、渡船都可以刷西瓜卡。

另外还可以用西瓜卡内的余额买票。如果有朋友来东京旅游，就可以快捷帅气的用卡直接买张票给他们啦。

月票二合一功能

在各个站点的自动售票机处，可以自助购买不同期限的月票。

买月票的时候，可以花500日元购买一张新的“Suica卡”，也可以把现有的“Suica卡”插入售票机直接购买。买好之后，刚才的“Suica”就会被印上下面的字样，记录了月票的乘坐范围、期限等。

只要月票没过期，在乘坐范围内是可以随便免费坐的。“Suica卡”的神奇之处在于，如果乘坐的范围包括免费范围，它会自动把免费范围的里程数扣掉不收费。

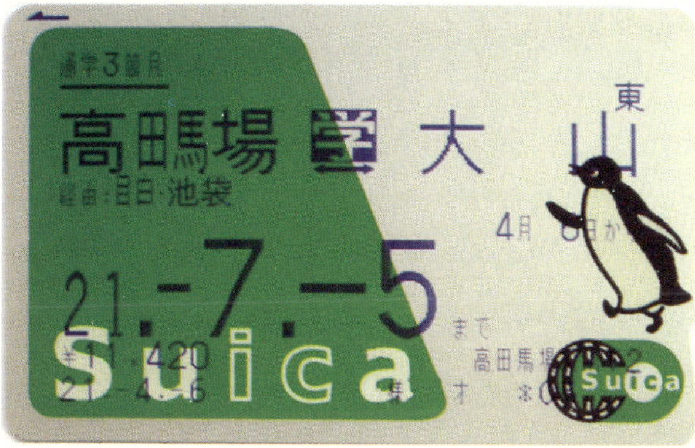

比如说有 A-B-C-D-E 五个站。某人持有 A-D 范围的月票。那么他从 A 站坐到 E 站的时候，系统会自动只收取从 D 站坐到 E 站的费用。

自动售货机

所有在交通站内的自动售货机，是一定会具有刷卡功能的。下图中蓝色是表示可以刷交通卡的标志。而红色是实际刷卡的地方。

用交通卡购买饮料的时候，先刷一次卡，然后按想要的饮料，再刷一次卡就成功了。

在车站之外的自动售货机，根据机型新旧和公司不同，有些具有“Suica 卡”付款功能，有些则没有。

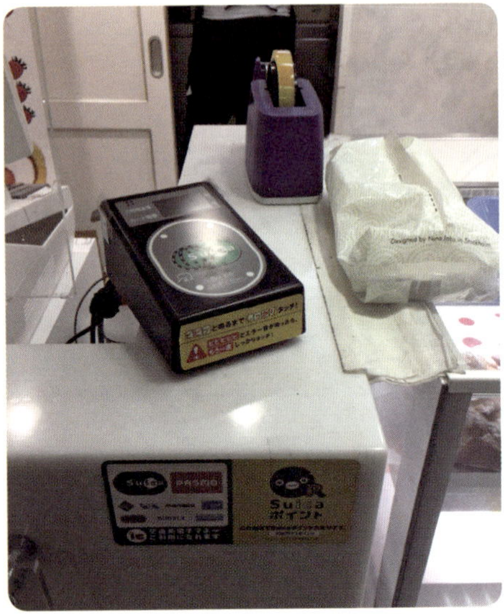

站内购物

在车站内的商铺，食品店等，就好像认定了人们不会用现金一样，100%是可以刷西瓜卡消费的。只要一秒！

存包

从这里开始，西瓜卡开始开挂了……

下面这个就是自助存包箱。在东京的大站基本都有。尤其是新宿，东京站这样的地方，基本都是配备了彩屏的。

这里可以直接用西瓜卡结账，同时还利用了交通 IC 卡的认证功

能。存包的时候刷一下，系统就自动记住这张卡的主人东西在几号箱。取的时候只要刷同一张卡，就可以自动结账并且打开自己的箱子。

在不少大站，还可以用这样的机器查找目前哪里的箱子有空位置。

各种商铺付款

这个是和前面那个站内店里付款一样的功能。只不过能用西瓜卡结账的店铺远远不止站内那么一点。首先在东京的所有便利店都几乎 100% 可以直接刷西瓜卡付账。另外百货店里的餐馆，书店，很多连锁饭店也都有刷卡机。只要店家想引进，就可以办到。

车内买票

有一部分路程较长的列车，会有几个高级车厢，内部座位较为宽敞，供长途坐车的旅客使用。当然这个高级车是要额外加钱的。高级车厢券可以在站外购买（从前一直是这种方式），现在也可以在车内直接刷“Suica 卡”。正常买票后，在绿皮车的车内屋顶刷一下“Suica 卡”，就会像买东西一样扣掉相应的金额。

唱卡拉 OK

日本的卡拉 OK 和国内多有不同，点歌的时候不是用大屏幕而是用一个可以自由移动的小机器发送数据。各家卡拉 OK 使用的机器基本就那么几种，操作远远不如国内方便，但是有一些挺可爱的功能，比如很专业的分析评分系统什么的。Joysound 还有会员登录系统，可以和全国的人比赛评分，还可以唱歌来获得衣服然后穿在自己的虚拟形象上。

这个是我的，可爱吗？

这个西瓜卡用在哪儿呢？说来也没什么特别的，就是利用了 IC 卡识别功能，把自己的交通卡在这个小机器上一放就可以直接登录啦。不需要费事输入用户名和密码。

抓玩偶

这个功能是近来才有的，在东京也是慢慢地普及中。

就是在原本只能投币的抓娃娃机上加入了“Suica 卡”刷卡消费的功能！可以选择要抓几次然后刷卡即可。

本来就是吸钱魔窟的抓娃娃机，至少通过换硬币还能有“已经花了几千日元了”的消费感。这一变成刷卡消费，完全是扔了六七千日元也注意不到的节奏啊……

珍爱生命，戒掉抓娃娃机吧。资本主义世界就是如此的可怕！

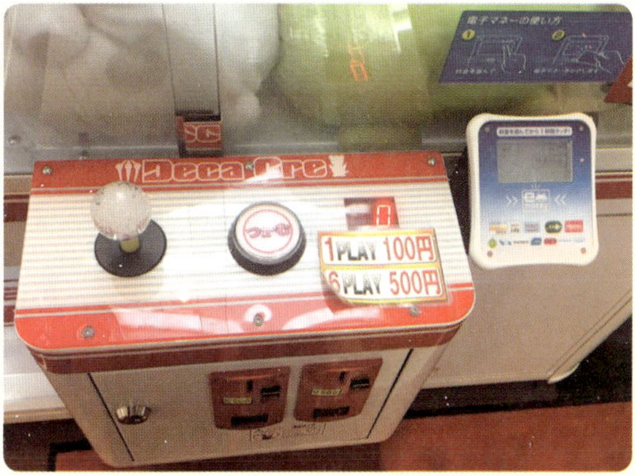

自动充值

如果没有这个功能，那么“Suica 卡”上面那么多功能很多都会很难实现！因为手动充值的话，买买东西钱就没了，还要去机器充。很耽误时间很麻烦。

但是“Suica 卡”和信用卡公司合作，推出了下面这个东西：

是的。这是一张信用卡。

这也是一张交通卡。

这是一张可以当信用卡，也可以当交通卡，也可以用信用卡直接给交通卡充值的卡。

这才是完全进化完毕的西瓜卡。

你可以设置一个充值线和每次充值的额度。比如充值线设为 2000 日元，每次充值额度 5000 日元。每当通过 JR 验票机的时候，验票机都会自动检测余额。不足 2000 日元的话，就会自动从信用卡里打 5000 日元进去。从此充值成路人，妈妈再也不用担心小伙伴们等我一个人充值啦！

西瓜卡再接再厉，又接连和百货店，航空公司等推出了无数合作信用卡。这些卡基本都是在相应的商铺购买东西的时候，可以获得一定的优惠或者返点。而返点大多数都可以直接充值进“Suica 卡”当交通费使用，某种意义上是提现最方便的卡了。

因为以上这些先进的功能，大多数时间我都是不需要拿出钱包的。无论是上班下班，中午吃饭（公司里的食堂，自动售货机，咖啡厅，便利店都可以刷“Suica 卡”），晚上吃饭买菜（超市是自助扫描物品并

且可以刷信用卡结账的），逛街娱乐，大多都可以用一张卡顺利解决。几乎永远不需要充值。

但是这样的方便也是很可怕的，就是完全没有消费的感觉，不知不觉信用卡就会刷掉很多钱。所以说这种便利其实也是各个公司和商铺促进消费的小心机的结果。

当然，虽然日本的“Suica 卡”发展的比较早，今天我们也可以在国内用手机支付做到同样的事情啦。这也是无比值得骄傲的事情！

最后，大家一定都发现了，“Suica 卡”的吉祥物是一只小企鹅，超级萌哦！

日本生活的省钱技能

9. 大大小小的日本“规矩”

也许稍微了解日本社会的朋友都知道，这是一个及其在意“周围人的目光”的民族，默认的社会规则大大小小，数不胜数。这些社会规则打造了一个相对井井有条秩序井然，让外国人无数次讶异的环境，然而也带来了生存压力过高，自杀率大的问题。

作为外国人，我们当然可以不必对日本人的社会礼仪顶礼膜拜，事事遵从。不过多懂一点未必是坏事，在正式商务场合，正确的礼仪就是传达我们对该社会的熟悉和尊重的信息，甚至可以引导我们走向成功哦！在这篇文章里，给大家介绍一些有趣甚至“奇怪”的日本礼仪常识，作为在日本生活的参考，或者博君一笑。

志愿电梯员

日本人老是喜欢当志愿电梯员。

离电梯操作面板最近的人，默认的有着操作电梯的义务。这个义务包括：大家上下电梯之后马上按关门按钮（大概会比不按的时候早关门 1~2 秒），有人下电梯的时候按住开门按钮（不像我们通常是用手阻挡电梯门），电梯很拥挤的时候帮实在是够不到的人按楼层按钮。（大部分时候大家都是自己进电梯的时候按下楼层按钮）

通常离操作面板最近的人到了顶层或者底层大家都出去的时候，会一直按着开门按钮，自己最后一个出去。那么电梯有两个操作面板的时候呢？两个人或者其中一个先走，或者两人互让一下，说一声“请”然后先后出去。也因为如此，在电梯里，靠近门的位置往往是地位较低的位置，比如招待客人的主人，公司中的下属等。

另外，先出后进也是基本的电梯礼仪。和电车一样，而且无论是等待出还是等待进，都不要站在出口正前方，要站在出口两旁等待。电梯基本满的时候就不要硬挤上去了，如果无论如何都很急的话，可以说声不好意思或者点个头再上。婴儿车和轮椅永远是优先通行。

公共区域一般不吃喝

最有特点的也许就是电车（地铁 + 轻轨）了，城市内短途线路的电车上吃东西是没有礼貌的行为。其实我一直以为只有吃东西是不礼貌的，有一次偶然知道喝水严格来说也是不太好的（因为会有泼到其他人身上的可能），想想自己不知情的时候喝过无数次，还真有点不好意思。

同理，公共的走廊，地铁线路，大厅等地方一般也最好不要吃东西。大街上也几乎没有人吃东西。真的是很麻烦的事情：很多时候想吃东西但是没地方吃！

这样就带来一个很有趣的现象：在便利店门口站着蹲着吃东西的人很多。因为实在是找不到合适的场所，便利店门口就渐渐成为大家默认可以买完之后顺带吃东西的地方了。现在有不少便利店也贴心地在店里设置了桌椅，供购买了食物的客人使用。

那么在餐馆以外的什么地方可以公开吃东西呢？

比如公园，因为是野餐的地方。

比如研究室，或者允许吃东西的公司房间里。

比如提供了桌椅的便利店里。

但是不要因为没地方吃就在厕所里吃东西哦。会写着“请不要在厕所单间里吃饭”的国家大概只有日本了吧……

公共场合慎化妆

公共场合化妆在日本被公认为是教养不太好的行为。虽然时不时也会在电车上看到，但真的非常少，而且会被人斜视。

其实这个理由笔者也说不太清楚，有的人表示化妆品可能会蹭到其他人身上，还有的人觉得化妆是和上厕所一样很私密的事情。无论原因是什么，如果不想遭受白眼，还是请在厕所或者化妆室里化妆比较保险一些。

没完成沐浴不要泡澡

也许很多人都听说过这一点：温泉和浴缸，都是要在外面洗干净之后才能下去泡的。所以日本温泉的基本构造都是，进了门先是一排排的淋浴设施，里面才是池子。其实还有一点很多朋友估计不知道：泡温泉的时候，头发和自己的毛巾不能碰到水。尤其是长头发要扎起来。现在知道为什么动画片里的人物在泡温泉时总是将毛巾放在头上了吧！

从未听到过别人的电话铃声

自从到了日本就基本告别了电话铃声这个东西，手机永远开在震动。

虽然也有人会开铃声，但是仔细回想起来，在公共场合几乎没听到过手机响。

不要两个人用筷子分东西，不要把筷子竖插在米饭上

前者是中国人最容易不小心犯的忌讳。因为在中国，当有人夹了一大块食物却觉得吃不了的时候，我们的礼仪是自己伸出筷子帮他一把，把食物分成两半。但是在日本，这种行为是不太好的，因为传说只有在夹骨灰的时候才会两双筷子一起夹同一样东西。而后者也差不多，日本人祭奠逝者时才会用筷子插米饭。

只是据我的长年观察，很多日本年轻人其实都不太讲究这些，伸出筷子帮别人分东西的也大有人在，反而是外国人过于谨慎，不知道该如何是好了。所以我们也仅是知道即可，不必太在意啦。

各种鞠躬

反正就是各种鞠。见面时鞠，离别时鞠，感谢时鞠，道歉时更要鞠。

以上是比较常见的礼仪，下面这些规矩就真的是细致到变态了。

感冒了要戴口罩

估计很多人来日本旅游的时候，会发现戴口罩的人特别多。尤其

是冬天和春天。除了春天戴口罩有可能是因为花粉症之外，很多人戴口罩其实是因为患上了感冒。他们会自己买口罩戴上以避免传染别人，算是对他人的一种礼节。

公共场合不大声说话

很多去日本旅游的人都会感受到，哪里都是静静的。中国人和韩国人一般谈话声音大，比较奔放。而日本人在公开场合，音量稍微高一点就会自我意识到然后压低声音。让自己不至于太突兀而显得失礼。

顺便说一句，有一个地方完全不适用，那就是居酒屋——日本人把积攒下来的所有声音释放掉的地方（也许还有卡拉 OK）。所以居酒屋一般都吵得完全听不清说话，于是也只好大声说话，一次饭局下来大家嗓子都会哑掉。

这就是日本和日本的社会默认习俗。很多人诟病它太细太压抑人的本性，这一点的确不能否认。这些规则的确给在日本生活的人无形中带来了不少压力和疲劳。但无论是出于无奈，还是真的替他人着想，还是纯粹不想被排挤，这么多的人能够如此一致的遵守这么多这么多规则，也算是很神奇了。

很多初看日本的人，都会为这样的情形无限慨叹，同时诟病国人没有素质。也有很多久居日本的人，因为自己也一直要遵守这些规则而导致压力巨大，开始反感这些礼节，甚至称它们实际上是日本人的劣根性。其实，不必盲目地觉得遵守规则一定就是好的，先进的，也不必绝对的说这样就虚伪，压抑人的本性。它们就只是客观存在的一些现象而已。能掌握这些规律并利用它们获得社会信用度，又能不被死死束缚的人，也许才是真正的聪明人吧。

JAPAN
NON-PRETENTIOUS
GUIDE

第三章

在日本玩什么

1. 宗旨是把客人吓哭？日本的奇葩餐馆们

第一次来日本，估计大家都喜欢把所有的传统日本料理吃一遍：生鱼片、拉面、寿司、大阪烧……可是第二次，第三次怎么办？还去同家店，吃同样的东西吗？那样可就太无聊了！其实每天吃着日料的日本人也早就腻了，除了吃，还想有更多乐子，所以他们发明了各种神奇的主题餐厅，这就叫会玩！

说到主题餐厅，最有名的大概就是“The Lock Up”。这是一家以

凶杀血腥闹鬼僵尸为主题的居酒屋。目的就是不让你安生地吃个饭。它的 Logo 是个巨大的骷髅头，尤其是上野那一家，入口有个巨大的骷髅头，里面一条通往地下的楼梯，透出诡异的蓝光和阵阵鬼叫。每次经过我都要绕着走！

不过这家居酒屋因为其刺激好玩，深得年轻人们的喜爱。

首先，进入居酒屋都需要极大的勇气。因为从入口到吃饭的地方会有一个长长的鬼屋隧道。除了让人毛骨悚然的蓝光和鬼叫，设计师还尽出馊主意渲染气氛。比如一整个隧道都是镜子，比如在某个转角放上一个满脸是血的女鬼模型，比如经过一个机关就突然跳出个黑发娃娃……基本上我每走到一半就要高喊着放开我我要回家啊！

当失魂落魄的你终于被小伙伴绑架到真正的居酒屋门口，打开门，便有一位身材火辣穿着性感的美女警察，也就是狱警上来给戴上手铐。随即带着一行人进入设计得和牢房一模一样的单间。

而当你终于心神稍定翻开菜单，却发现上面都是些奇奇怪怪的东西，比如“美杜莎之眼”“细胞恐怖袭击”“无期徒刑”“电击”……就

连料理也多是以眼珠，骷髅，鬼怪为主题制作的。

饮品里经常有名为人体试验之类的菜肴。美女警察来上菜的时候会现场试验。把一个烧瓶里的东西放到另一个里面，然后混合……就会出现喷火、冒烟、发光等奇异的效果，试验成功就可以开吃了。

而这还不是居酒屋的全部。当你逐渐习惯这个四处是骷髅鬼怪，眼前摆着大眼珠饮品的环境，开始和朋友放松聊天时，有可能所有灯一下子都突然熄灭！随即“哔——哔——哔——哔——”的警报开始响起，走廊开始一阵骚动，不断有警察经过并用手电筒照向牢房内。警察走了之后，真的鬼就会出现！有些鬼怪还会打开牢房门直接闯进单间，一瞬间居酒屋里都是惨叫……

这样突如其来的袭击，一个晚上会遇到若干次，每一次都是对心脏的考验。这样用生命去把客人吓得魂飞魄散的居酒屋你见过么！

当然了，除了这样重口味的地方，你还是找得到比较和平的主题居酒屋的。比如同样有众多连锁的“钓船茶屋”。

整个饭店就是一个大大的水池，里面游着各色鱼类，每个座位都与水池相邻。在这里客人可以边钓边吃，仿佛置身于汪洋大海的渔船。每样鱼类都有固定价格，钓上来之后只需要付鱼的钱，而烹饪处理都是免费！好玩的是，自己钓上来的鱼拿去烹饪，是要比直接点鱼更便宜。这大概是对客人劳动的犒赏吧。

如果是女孩子们一起出去玩，那么爱丽丝梦游仙境的主题餐厅最适合不过了。这家爱丽丝主题的餐厅一共七家分店，分别名为“迷宫之国”“幻想之国”“插画之国”“魔法之国”“古城之国”“舞会之国”“银幕之国”，莫非每一个名字都充满着少女情怀？每家餐厅的内装修都紧扣主题，又引入了爱丽丝梦游仙境故事中的布景，人物和设定。让人有坠入梦幻之感。

有没有更日本风一些，更适合外国游客的主题餐厅呢？当然必不可少！如果你想体验日本风情，那么推荐赤坂的忍者居酒屋 Ninja Akasaka 以及京都风情主题的“京町恋しぐれ”。喜欢历史的朋友还可以去新宿的“戦国武勇伝”体味战国时代的大将风采。

另外，针对各种兴趣爱好的同好也有不同的餐厅哦！除了大家非常熟悉的女仆咖啡厅以外，还有电车迷居酒屋“LittleGTV”，除了内装修完全像个电车以外，里面的店员都穿着特别可爱的电车员制服为客人服务。有些菜品还会用电车模型装盘！

主题餐厅大部分时候料理质量并不是顶级的。他们卖的多是“体验”，就好像迪士尼乐园那种让人不由自主沉浸于其中的气氛。所以越是和一大帮人一起去，互动越多，也越有乐趣。而这样的餐厅重在对细

节的设计——无论是精心打造的菜单和餐具，还是入口座席的设计，都要让人能会心一笑，有小小惊喜才算是达到效果。而这些在日本国内以及海外享有盛誉的主题餐厅，也是在这些细节上用尽了心思。若有机会，你不妨来体验一下。

2. 日本伴手礼，可不只有保温瓶

估计大家去东京玩的时候，总会想着给要好的朋友，公司的同事上司，家里的亲戚带一些小礼品。但是人数众多都要送到，买太贵重的呢，钱包承担不起，太大太沉自己也背不回去；买太便宜的呢，又怕送不出手，让对方觉得被轻视起到反效果。在这里就给大家推荐一些可以方便带回国内的轻便，精致，便宜，适合送亲朋好友的小礼品吧！

可以分为小玩具类，小食品类，化妆品类三种。

小玩具类

我只推荐一家店，就是上野的Yamashiroya。山手线上野站从広小路口一出来，对面就是。为什么只推荐这家店呢？因为所有的小玩具，卖萌小物，各种动漫游戏周边，日本吉祥物周边都可以在这里买到！一次买全，任你挑有没有！

我们来看看这里都有什么，推荐大家看以下几种：

1. 各种猎奇向小玩具

比如放在冰箱里，一打开就会对你说话的小动物，超级萌有没有啊！再听听说什么就萌化了…

企鹅：“要化啦”！

海狮：“你找什么呢”？

海豹：“又来吃甜食了”！

猪：“好热啊”！

松鼠：“还没好吗”？

除了各种动物的台词不同以外，还有日本各个地区的方言版。最近也有说英语和中文的小动物哦！

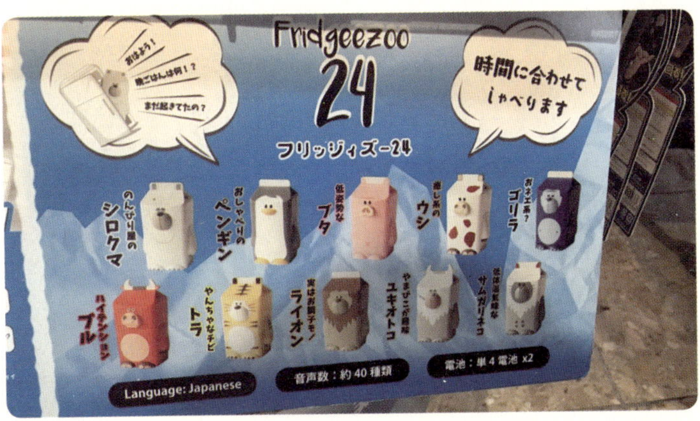

还有就是大家都很熟悉的小猫储钱箱啦。如果把钱放在按钮上，就会有一只小猫从纸箱子里探出头来，偷偷把它拿走……还有熊本熊、哥吉拉等版本哦。

再来看看这个星战音乐会——各种我们熟悉的星战角色会随着音乐节拍一起跳舞。真是既可爱又搞笑！

这一部分玩具就在店铺入口，很多都有摆在外面可以试玩的样品。送给朋友恋人再好不过了！

2. 萌系小玩偶

都在这家店的地下一层，有大大小小的布偶。有著名的蒙奇奇，也有一些不知名但是可爱到爆的小家伙。让人好想全部领回家摆放在床上。同时这一层也有各种吉卜力的周边，比如盆栽、钟表、玩偶，都是造型精致的正版商品。

3. 搞笑贴纸

在一楼一面墙上都是各类搞笑的电脑贴以及冰箱贴。有超萌的配上了个性台词的小动物，也有搞怪的大叔以及日本少女漫画中的人物。

4. 动漫周边，游戏周边

从二楼往上网罗了各类当下人气动漫，游戏周边，连漫威旗下的卡通形象都有！产品种类又全又便宜，从毛巾到文具到手办都能找到。

除了这家店以外，东京站地下也有一条整条卡通人物街。都是日本各个电视台的动漫周边店，以及吉卜力的动漫周边，去一次什么都买得到。

食品类

说到适合作为伴手礼的零食，相信很多人的第一候补都是大名鼎鼎的“白色恋人”。当你第一次来日本，不知道买什么好的时候，笔者首先推荐这款零食。它的包装走简洁路线，虽然不起眼，却凭着醇厚的牛奶味和酥软细的饼干口感始终人气不灭。每个饼干都有独立包装，也很适合买一盒回去四处分发。别看是明星产品，却真不贵。

如果你已经对白色恋人见怪不怪，或者想送点拿得出手的礼品。那么如果条件允许，我则会建议你选择日本的酒。其中又以日本酒和梅酒最为推荐。日本清酒和烧酒有着各种各样的名字和品牌，还会用书法把酒名写在瓶子上，送的不仅是酒，还能送故事，送个好缘起，送个趣味。比如说像“八海山”“千夜一醉”“红乙女”，“黑岛美人”“龙霞”“吉兆云海”这些名字是不是既有意思，又令人印象深刻呢？

若是送梅酒，则推荐日本最正宗的牌子 Choya，尤其是机场可以买到透明包装，里面有颗大梅子的版本，不但好喝，看着也高雅漂亮，由于味道偏甜，男女都能喝，还可以加冰、加苏打、加冷水变着方法品味。

如果你要送个漂亮样子，那么浅草寺和东京站里面各式各样的盒装果子肯定拿得出手。无论是季节主题还是当地特产主题的都应有尽有，设计成小巧精致的样子。不过，这些果子的做法和口感其实差不

太多，所以就不要对味道有太多期待了。

如果想追求变化，可以选择比较有名的东京 BANANA。这是一款做成香蕉形状的果子，外面是蛋糕，里面是香蕉味的夹心，不会太甜也不会太干，而且有很多好玩的升级版本和各种口味，比如豹纹小香蕉或者奶昔布丁味的小粉花香蕉等。

另外，适合送人的就是日本各个地方独特口味的巧克力系列。这些巧克力牌子的基本款大家都司空见惯了，可日本人就是喜欢弄出许多奇奇怪怪的味道，比如芥末味的，紫薯味的，日本酒味的，甚至还有毛豆味的巧克力！

化妆品类

送化妆品，讲究的则是一个实用。如果买错牌子，送油性皮肤人士一罐超级滋润的乳液，或者送干燥皮肤人士清爽型的化妆水，不仅令对方尴尬，而且自己的钱也没花到刀刃上，白白浪费感情。即使是SK Ⅱ、CPB这样的高端品牌，也有的人是不适合的。所以购买化妆品作为伴手礼的技巧就是买那些受众广，不挑人的产品了。

首选就是唇膏，无关性别、年龄、肤质，送谁都可以，什么时候送都可以。而且重要的是轻巧不占地方，即使是带个20瓶也毫无压力！日本化妆品的香味做得非常好，所以你可以挑选一些蜂蜜味，草莓味，牛奶味的唇膏回去让朋友挑选，保证他们用后有新感受！

其次推荐的就是面膜了。日本药妆店里卖的面膜基本分两类，一类是一大包里面好多张，可以每天用的；另一类是一个包装里只有一张，相对精贵效果好的。可以根据送礼对象不同，选择30天装、7天装以及一张装的进行搭配。另外对于不那么熟悉的朋友，可以选择最近流行的印花面膜——面膜上印着卡通形象的脸谱，戴上之后就自动

变身成一只萌猫狗或者其他人气角色，护肤的同时还能博人一笑，不失为理想的小礼品。

那么该如何选择购入的化妆品品牌呢？在这里，我建议大家尽量选择比较知名的品牌，而拒绝购买闻所未闻的杂牌。因为中国游客阔绰大方早就名声在外，导致很多商家都想来钻这个空子，把一些在日本根本没有销路的东西说得天花乱坠骗人购买。最好的方法就是选一家不在旅游热门地点的药妆店，在这些店铺最显眼的地方摆放的产品往往都是在日本真正卖得好的产品。倘若你对日妆品牌小有研究的话，就可以凭着经验购买那些名声已久的化妆品，减少失败了。

伴手礼最难得的就是送给每个人的可心。在陌生的土地上想着朋友亲人细细挑选礼物也是一种幸福，故在此给大家推荐一些或别致或实用的礼物，希望能帮你在旅途的结尾也同样写满期待——对所爱之人惊喜的期待。

3. 去日本泡温泉，然后喝一瓶美味的牛奶吧！

从“第三新东京市”的原型箱根，到川端康成笔下的伊豆，日本温泉似乎已经成了游客们必访之地。温泉到底是不是就是泡澡？日本人到底是怎么泡的呢？怎么泡才最舒服最享受呢？为什么日本人泡澡以后喜欢喝牛奶呢？

那我们就从进入温泉开始一步一步地学学正宗泡法吧！

去温泉带什么？

女性要带上脸部的卸妆化妆用具，男性不用带什么。如果特别爱干净可以带个自用的毛巾。通常观光旅游地点的日本温泉都是提供洗发露和沐浴露的，大部分也会有身体乳液，脸部乳液，所以这些都不需要带。另外大部分温泉都是免费提供毛巾的，而且很干净，即使是收费也只有二三十元人民币。我每次去温泉都会带毛巾以求保险但是大部分时候都用不上。

另外，带男孩子的妈妈要注意，能进入女温泉区域的男孩子规定要 10 岁以下哦。

入浴之前的准备

泡澡之前最好喝点水啊牛奶之类的东西，这样可以防止失水过多，也能加强美容效果哦。通常，在温泉里面肯定会有自动售货机的。

进入温泉后先存鞋，然后进入分开的更衣室。比较大型的温泉，买票的时候就会给钥匙，进去找对应的柜子就可以了。也有的是柜子上面直接带钥匙，看哪个柜子开着，直接用就可以了。

有的温泉是完全开放式的，里面只有放衣服的地方。虽然不会丢东西，还是建议把贵重物品收好。一般来说，这样的温泉肯定有提供寄存贵重物品的小柜子。

在这里主要是换衣服，然后带着卸妆用品和毛巾进去就可以了。

很多温泉的更衣室和化妆台是一体的，所以你会看到有很多洗手台和化妆的地方。浴池里面到处都是湿的，如果不想带化妆包进去也可以在这先卸妆。

通常我会建议只带条小毛巾（通常的擦脸毛巾的大小）进去而不是浴巾，泡温泉的时候小毛巾用来包头发，再加上大浴巾的话非常麻烦。可以把大浴巾放在更衣室里，从温泉出来的时候用小毛巾简单擦去身上的水，不滴水即可，然后再进入更衣室拿大毛巾擦就可以了。

进入温泉以后怎么办?

要注意的是，进入温泉的门的时候，也就是出更衣室的时候你应该是裸体的。用毛巾简单遮住前面就好了。温泉里会有个很有趣的现象是，刚进去的人都遮遮掩掩，出来的时候都大大咧咧不在意了……所以，遮不遮这件事真的不用在意。

首先要做的就是找个地方冲澡。要注意的是日本洗澡通常是坐着的，我们会看到一排排这样的台子：

可能有的朋友不习惯坐着洗澡。比较大的温泉偶尔会有一两个站着的淋浴位。其他的时候就得入乡随俗啦。盆是用来往身上泼水的，我一般不太用，不过据说入浴之前在下半身多泼几次热水，让温度升高的话对身体比较好啦。

洗好了之后就可以泡澡了。有的温泉女浴池里面有架子，可以暂时放化妆包什么的。一般要把头发扎起来或者用毛巾包起来，不能落入水中。

怎样泡温泉最好呢?

温泉水温一般都是很高的，在 40 度 ~43 度，所以即使是日本人，也不是一直泡在里面，都是进进出出的。

每个池子温度不一样的时候，都会写着温度，一开始找一个温度不是很高的，先半身浴——就是只泡下半身到腰部左右，这样对血液循环更好，也可以把体温升高对之后泡热的做准备。如果一下子全身进入很热的温泉会非常容易疲劳。

每次泡的时间，没什么特别的规律，按照个人感觉就可以。半身浴觉得身上热了就可以全身进入水中。那个瞬间是超级舒爽的。全身泡个 5~10 分钟会慢慢觉得有点热，喘不过气，这时候可以改回半身浴，或者在浴池边上坐一会只泡脚。差不多身体凉了再继续进去泡，就这样反反复复啦。

很多温泉除了室内的池子之外，还会在外面有池子，也就是传说中的露天温泉了。全身泡过高温的温泉之后就可以尝试。尤其是冬天，露在外面的脸觉得很凉爽身体却热乎乎的，超级舒服，可以相对泡较长的时间。

享受温泉之后怎么做？

除了个别酸碱度比较高的温泉，其实大部分温泉是不建议泡过之后冲澡的，因为水里的药用成分留在皮肤上会比较好。需要冲澡的温泉一定会有牌子提示。不过如果不懂日文或者不放心的话，也可以简单用水冲冲。

进入更衣室之前要擦一下身上的水，不滴下来就可以了，然后换好衣服，化妆，吹头发就好了。

当这一切完成之后，当然就是日本温泉的惯例——浴后喝牛奶啦！在温泉出来的地方，都会有自动售货机，或者收款台上会有小冰柜，几乎 100% 是有玻璃瓶装的牛奶卖的。

对于大多数不同年龄层的日本人来说，“洗完澡，单手叉腰举着玻璃瓶装的牛奶咕咚咕咚地喝”，是一个非常熟悉的场景。

那么为什么会变成这样呢?

在昭和年代，日本人的家里还没有完备的现代淋浴设施，大部分人每天洗澡主要是去公共浴池（钱汤）。对他们来说，“洗澡”与其说是淋浴，不如说淋浴也是为了泡澡。在热水池子里待上一段时间才是真正的洗澡时间。而热水浴时身体会流失大量水分，也容易导致贫血。为了避免晕倒和血液黏稠等对健康不利，洗澡后在钱汤及时补充水分就成了必修课。

而在当时，如同我们的 20 世纪 90 年代一样，自动贩卖机还没有普及，市面上贩卖的饮料种类也没有现在这样繁多，并且塑料瓶也没有得到普及。在玻璃瓶里装的饮料种类就更少了。于是大部分钱汤卖的饮料主要由三种牛奶构成：纯牛奶、咖啡牛奶、水果牛奶。

所以说日本人洗澡后喝牛奶的这个典型场景，可以说纯粹是因为几十年前贩卖条件受到限制而导致人们“被迫”形成的一种习惯。正如我们去电影院，就会想到买爆米花和可乐一样。事实上现在电影院卖的食品种类很多，但大部分人还是钟情于爆米花和可乐。因为它的形象已经和电影紧密地联系在一起。很多温泉里现代的自动贩卖机里也仍旧提供牛奶。

现在大家大多数时候已经可以在家方便地泡澡，去钱汤的人也变少了。于是洗澡过后选择自己最喜欢喝的饮料，比如冰凉解暑的碳酸饮料和啤酒的人就占了大多数。不过，这种玻璃瓶内装的牛奶在城市的便利店和超市很难看到，所以去温泉的时候，买玻璃瓶牛奶仍然具有相当大的魅力，也有一点点怀旧的感觉呢。

当然啦，温泉只是让人享受的环境而已，泡温泉的方法并没有绝对的对与错。不给别人造成困扰的前提下，让自己最大限度地放松就是最好的，也没有必要强迫自己处处遵守规矩。不过，如果你有兴趣，下一次再去温泉的时候，不妨从头到尾试试上面的步骤，最后单手叉着腰咕咚咕咚地喝掉一瓶牛奶，或许能一瞬间感受到别样的昭和风情呢！

4. 比旅馆还舒服的网吧，你住过吗？

提到网吧，这个略微有点怀旧的词，你的脑海里浮现出的是怎样一番景象？

在若干年前，我也曾经和大学同学一起在这样的网吧里奋战《魔兽世界》。虽然那时候年轻体力旺盛，一晚上僵坐下来也是腰酸背痛。所以有一次和日本同学聊天，对方提到自己在网吧住了一星期的时候，我是敬佩的连话都说不出来了。只是瞪大了眼睛说："你都不洗澡的吗？"

"可以洗澡呀！还可以吃饭，看漫画，躺着睡觉呢！"

"那还是网吧吗？不是旅馆？"

同学笑了。"一看你就没去过东京的网吧。有机会去看看吧！"

就这样，我开始了在东京的一次网吧通宵之旅。才明白了同学说的"网吧"其实在日本的形式和自己以前去过的大不相同。

日本的网吧很少有店铺只提供上网服务。很多都是与"漫画喫茶"（漫画吧）相结合，除了上网，玩游戏，还可以看漫画杂志，高清动画电影。日本人大多数找不到免费的动漫资源可以看并且习惯对版权物的消费。那么想看的时候，一个相对便宜的选择就是网吧或漫画吧。

这样的店还有一个共同特点：24 小时营业。在日本，可以长时间停留的店并不是很多，24 小时营业的餐饮店也几乎没有，非常不方便。白天还可以在咖啡店消磨时间，但是到了晚上也就只有卡拉 OK 和漫画吧网吧等少量店铺可以通宵。所以很多无家可归者，离家出走者，暂时找不到住处又比较节俭的人会选择在这样的地方消磨一晚上，比旅馆便宜很多，又可以洗澡，吃饭，还有事做，简直完美！所以网吧就成为通宵、消磨时间或住宿替代品的最佳选择。甚至还有的店打出标语“我们其实是旅馆的竞争对手！”

其实漫画网吧根据店的大小不同，规格也是各异。最最普通便宜的连锁网吧，有的半小时只要 100 日元。店里面一般是按照座位不同，有不同价位。有的只是一个比较舒适的椅子而没有电脑，只供看漫画用。有的是一排电脑桌加上宽敞座椅，也有的可上网的座位是小包房。在进入店内之后，会有各种座位的价格，客人在工作人员引导下决定使用时间和座位即可。

选好了座位，就可以在一排排的书架里挑选自己喜欢的漫画拿回去看啦。一般来说无论是当红漫画还是经典老作品都会有。还有海量的杂志、CD、动画电影 DVD 可以租借，电脑也通常会配备不错的头戴耳机。

一些比较大型的漫画网吧，还会有可以睡觉的单间和卡拉 OK 间。比如我去过的一家，其包间地面是软沙发的材料，坐着或者躺着都可以。当然房间里有电脑，甚至有的还有衣柜和玄关，提供拖鞋。

这样的网吧其实是有意识地在提供代替住宿的服务。与其配套，走廊上会有各种软饮料畅饮的自动贩卖机，冰淇淋随便吃以及厕所和淋浴间……也可以打印、复印，点热乎乎的现做饭菜或者购买毛巾和洗澡用具。简直比旅馆还舒适。

那这样高级的网吧，消费水平如何呢？当然不便宜，不过比旅馆划算多了。

以下为池袋一家名为 DICE 的高级网吧的价格表：

一般价格为 3 小时，普通隔间为 880 日元（约合 50 元人民币），可以睡觉的 VIP 大房间为 2880 日元（约合 180 元人民币）。如果是夜间套餐（22 点～次日凌晨 5 点入店），则 8 小时普通小隔间 1480 日元（约合 96 元人民币），VIP 房 4680 日元（约合 300 元人民币）。普通隔间只能一个人用，VIP 房是可以 2 个人同时使用的。

在东京，很多商务旅馆的房间也不过和网吧的 VIP 房差不了太多，价格却至少 4000 日元，按人头收费，还只能睡觉洗澡。所以也怪不得有些人选择网吧居住了！

逛一逛日本的小玩具和动漫周边，体验一次贴心的网吧（视频）

5. 让人胖十斤的日本零食

在来日本之前，我曾经是一个饮食习惯非常好的，从来不碰零食只吃水果的人。到了日本之后，第一次尝试就立刻爱上了各种各样的零食，真的是戒都戒不掉！好东西不能独占，当然要和大家分享一下啦。

在日本，零食被叫作“果子”。我把他们分为以下几类来介绍：巧克力类，膨化食品饼干类，蛋糕布丁类，糖类。大多数在日本的各大便利店和超市都很常见，价格均在 50~250 日元。

巧克力类

巧克力类不光是指纯巧克力，还包括带有巧克力的饼干零食。

a. 种类更丰富的百奇 Pocky

推荐指数：★★★★

Pocky 可以算得上是格力高最成功的产品了。格力高甚至通过营销把 11 月 11 日变成了“Pocky Day”，这一天大家会买 Pocky 来吃。在国内大家估计也常吃，不是很新奇了。但是我特地去百奇官网看了之后发现很多产品国内还是暂时没有推出的，所以建议尝试一下哦！

比如说我最喜欢的一款，极细巧克力味百奇。

其实也就是把 Pocky 做的细了一点，但是口感就完全不一样了！感觉更好吃了，而且因为一根容量很小，不会立刻吃饱，又可以获得同样的舌头的满足感。所以我在公司基本上是一天一包完全停不下来。更喜欢巧克力的朋友还有粗版 Pocky 可以选择。另外，Pocky 会不断推出最新口味。比如适应季节的版本，或者和卡通形象合作的新口味。都可以尝试一下。

b.“蘑菇山”与“竹笋村”

推荐指数：★★★☆

算是日本的国民零食了。巧克力和饼干结合，很适合学习的时候慢慢享用哦。

关于蘑菇山和竹笋村，其实还有很好玩的故事。可能因为这两款零食同属一个系列又是不同的样子，大家便自行分为“竹笋派”和

“蘑菇派”。其矛盾之激化，就好像我们的甜咸豆腐脑之争一般，两派都认为自己支持的那款最好吃最有人气。商店甚至还会为两者组织人气投票。投票期间，在货架上还会有“竹笋”和“蘑菇”的真实战场。

c. アルフォート巧克力饼干

推荐指数：★★★★☆

是的，你没看错，这就是一个巧克力加饼干的组合。看起来毫不起眼，包装极其普通。正因如此，我也是到了日本两年之后才首次尝试这一款零食——吃了以后立刻惊呆了。巧克力加饼干，居然可以做得这么好吃！原因可能是因为巧克力做得特别浓厚，然后饼干比较厚实，嚼起来觉得会变成很多很多小颗粒，每个小颗粒都很脆。巧克力的柔滑和这种脆结合起来，非常美妙。

d. Galbo 巧克力

推荐指数：★★★★☆

这是一款口感做得很特别的巧克力。和其他巧克力区别在于：它的外皮是薄薄的一层普通巧克力，但里面却是沙沙脆脆的巧克力令人

回味无穷，根本停不下来。我刚遇到这款零食就立刻爱上，当时瘾大得每天要吃三盒。该产品还有抹茶等其他口味。

e. Macadamia 果仁巧克力

推荐指数：★★★★★

我的最爱之一。对果仁完全无爱的笔者喜欢的唯一一款果仁产品。巧克力味儿超级浓，果仁轻轻脆脆的。在写论文的时候，我经常将其作为对自己的犒劳。每完成一段论文，就吃一个。

f. 森永巧克力球

推荐指数：★★★☆

这个零食可是有一定历史了。因为推出时间非常的早，所以价格也非常便宜，印象中好像是 60 日元就能买到。里面就是一个个巧克力的小球，不过口感是有点黏黏的，比较有韧性的那种。吃起来也是非常上瘾的。

膨化食品，饼干类

a. 7-11 脆脆巧克力饼

推荐指数：★★★★

7-11 便利店的原创果子。他家的原创果子都很好吃！也是包装看起来一般所以一直没试过。直到几个月前组里的小伙伴无意中买来分享，大家一尝都疯了，于是这袋就一直在被抢夺的状态……每天瞬间就被消灭光。吃起来口感有点类似于巧克力威化，但是更脆一些。

b. カントリーマアム

推荐指数：★★★★

这是一款日本全民都在吃的零食。里面有巧克力的软曲奇，在肚子略空的时候可以撑一撑。在日本的各种活动以及公司的说明会、工作坊上，都会给参加者们提供一些零食，其中这个软曲奇可以说是必不可少的。

c. じゃがりこ 蔬菜棒

推荐指数：★★★★

脆脆硬硬的蔬菜棒，有各种各样的口味。在遇到这个之前，笔者对脆脆的零食毫无好感，但是终究被它俘虏了。要说它强在那里，应该是吃起来不知道为什么会有特别特别香的感觉！然后就一根一根地拿起来，根本停不下来！

蛋糕，布丁类

a. 滑滑布丁

推荐指数：★★★☆

价格非常实惠，是笔者刚来日本就接触到的美味零食之一。卖点是滑润还有口感香甜。不像其他布丁有弹性，而是像要融化那样的柔软触感。

b. 牛乳寒天

推荐指数：★★★★★

寒天是日本传统的布丁做法，也就是使用从植物里提炼出来的琼脂制作而成。在很多便利店里，都会有这种里面放着鲜橘子瓣的牛乳寒天。它比较有弹性，味道清爽，甜味较淡。

c. Tops 巧克力布丁

推荐指数：★★★★

这款巧克力布丁也是属于细化柔软派，入口即化，浓厚的巧克力渗透在每一寸的深处，甜味和苦味调和得恰到好处。如果你想吃巧克力又不想太干太甜腻，不妨试试它！

d. 森永小狮子布丁

推荐指数：★★★

我个人比较钟爱的一款布丁。之所以星星数没那么高，是因为它比起上面那两款布丁好像确实找不到什么高级之处，但不知道为什么笔者个人就是很喜欢。牛乳布丁是草莓味的，就是普普通通的草莓布丁。但是那个口感，很温柔，很软，滑滑的，味道也不是特别甜，是清淡幽香的甜。那时候我这么跟朋友形容这个布丁：吃到嘴里就好像接吻的感觉。在学校的时候，我经常会买了这个一个人到天台去吃。吃完了就会很幸福。

糖类

a. キシリクリスタル

推荐指数：★★★★★

如果只推荐一款糖，毫无疑问我会选择这款。从第一次吃到它一直到现在，都没能动摇我心目中 No.1 的地位。这个糖有好多味道，每一款都是夹心，最经典的就是蓝色包装的基础款。它的奇妙之处是，外面就是普通的奶油硬糖，但是中间的夹心是甜薄荷糖。在吃的过程中，中间的甜薄荷糖会一直融化，不断提供薄荷的清新和甜味刺激着你的舌头，弥补了外面奶油硬糖味道不够醒目的不足。但是又不会让你觉得太甜或是纯薄荷太刺激。我认为它绝对称得上是糖界革命性的创意。绝对推荐。

b. Kororo 果汁软糖

这一款也是朋友推荐给我的，口感做得很有趣。外面是有弹性的蛮结实的一层膜，里面是非常非常软的果汁软糖。简直和葡萄一模一样！这款软糖有三种口味，其中绿色的最为推荐，一吃就停不下来。

给大家推荐的零食就上面这些。看起来好像很多的样子，星星也是 3~5 颗不等，但其实都是从无数零食里面精选出来的，所以即使是三星的零食也是非常赞的！有机会一定要试试。

上面的这些零食基本上在日本任

意一个便利店都可以找到。但便利店一般只选择卖得最好的产品线上架。如果想找全部的味道，或者发掘一些很好吃但是他人不知道的零食，可以找下面这个店：

おかし まちおか（Okashi Machioka）

这个就是比较有名的零食专卖店。这里的零食种类就丰富很多了，而且很多老式的零食都还有卖。店铺在很多地方都有，可以在谷歌地图上面直接搜索。对于在日本的女孩子们来说就是天堂！

好了。饿着肚子写完这篇文章，我也要去收集点储备品了……

6. 每个月游日本不可错过的风物诗

日本最大的美，在于纤细精准的季节变换。飞天御剑流十三代目比古清十郎曾经吟过：

“春观夜樱，夏望繁星，秋赏满月，冬会初雪。”

日本是个四季分明的国家，而在四季之中又有着不同节气的转换。在全球气候反常的今天，身处日本仍旧有幸能够感受到这样的节气转换。而心思纤细敬畏自然的日本人，更是把这些变化视作生活的重中之重。

在日本生活，顺应着季节和自然的变化，每个月都会有固定的节目，从不爽约。若是旅行，可别错过哦！

1月

日本开始全面降雪的季节。在长野县、富山县、北海道这样降雪量巨大的城市，会出现雪墙的奇观。

1月也是滑雪运动开始全面火热的时期。

日本人很喜欢滑雪，东京人经常和朋友一起租车，开四个小时去长野滑雪。上瘾的人一个月要去两三次。

2月

日本一年中最冷的一个月。

所有人都裹紧了衣裳，嘴里不断地说："好冷呀！"

不过还是看得到街头一群群光着腿的高中生，嘻闹着把气温抛到脑后。

3月

日本人称3月为"木草弥生之月"。卡拉OK里，《3月9日》这首歌会登上热唱榜。

3月意味着毕业、转职、一年的结束、离别的季节。在毕业式这一天，可看的到如花朵盛开的大学毕业的女孩子，会穿上一种名为"袴"的精致和服，拍下一生中最美的照片之一。

4月和5月

4月和5月是日本天气最美好晴朗的两个月。樱花烂漫，蓝天白云，降雨较少，几乎每天都是好天气。在街头散步会上瘾。

6月

雨季。当之无愧的雨季。不仅是阴天，真的每天都下雨。觉得雨过会天晴，可过了还是阴天。到底什么时候会放晴呢？

不过这样的雨季，看过《言叶之庭》你就会爱上。

对我而言，雨季最喜欢看的，是“撑着伞的日本上班族”。

脸上略带无奈的上班族，仍旧西装笔挺地，一手拎着公文包一手举着或黑或透明的伞大步走着。偶尔掏出手绢来，擦去额头上因为闷热渗出的汗水，却仍旧坚持穿着西装。西装因为经常穿，不会有新买时那种生硬的感觉，已经和身体融为一体了。“啊，真是闷热啊”，他们说道。

7月

一旦熬到雨季过去，就是盛夏了，花火的季节。一到这个季节，女孩子们就开始窃窃私语了。今年百货店的浴衣好好看啊，可是买一套一年只能穿一次又太贵……

花火自然是很美的。可是看花火的人的姿态更美。

花火大会的日子，会在各个车站看到身着和服浴衣的女子。她们慢慢地调整裙裾，系腰带，就这样像仪式一样的。没有浴衣，花火就没原来的十分之一好看了。

看花火的人，一个个都在想着什么呢？花火有魔力，让你在它绽放的一瞬间明白对自己来说最美好的东西在哪里。

8 月

台风来了。来了又走，走了又来。所到之处，电车停运，雨伞瞬

间被吹坏。恨不得一整天待在家里，哪里美?

台风过后的天空，比任何晴空都要美。会不由自主地想，人生不也是这样?

9月

商店街的祭祀。

走在街上，就会看到长长的队伍，人们穿着古时的服装，抬着装饰精美的花轿，一边喊号一边跳着传统而怪异的舞蹈。

嘿，嘿，嘿哟嘿……

那舞蹈动作真的很怪异。但是每个动作都是有意义的，从祖先开始就是这样跳的。

嘿，嘿，嘿哟嘿……

10月

“猎”红叶的日子到了。

不知道为什么要叫作“猎”红叶。因为在我看来，红叶是狩猎不到，且带不走的。

最棒的猎红叶，就是租辆车开在山里。倒有些像被红叶猎了呢！

11月

东京变成了金黄色，满眼满地，层层叠叠。

这是我最喜欢的月份，最喜欢的银杏果。

虽然有点臭臭的。不过蛮好吃的。

12 月

圣诞节将至，人们便开始忙忙碌碌地准备把整座城市点亮。

所有的温暖与浪漫都是为这个月准备的。

《蜂蜜与四叶草》里的竹本说，“一到这个季节，仿佛路上的圣诞树，热闹的气氛，都在拷问着你，你是孤身一人吗？你幸福吗？”

可我觉得，无论你是否孤身一人，只要你将它映入眼底，它就是你的。

7. 东京众景点中的真正好去处

很多朋友来东京的时候都问我该去哪儿玩好？我脑子里往往首先蹦出来的是池袋，新宿，涩谷，银座……这些耳熟能详而且东京人常常光顾的地方。可是略一思考，就又觉得如果推荐了这些就有点对不起对方了。为什么呢？给你看看我们在各个地方所能做的事情：

池袋：吃饭，卡拉 OK，保龄球，购物

新宿：吃饭，卡拉 OK，保龄球，购物

涩谷：吃饭，卡拉 OK，购物

银座：吃饭，购物

浅草：购物

是，就如同您所看到的一样。东京的这些有名的地方，能做的事情实在是区别不大。当然，根据地理位置的不同，它们的气氛会稍微有所差别，但是对于一个旅游者来说基本是可以忽略的。

究其本质，这些地方其实就是大的转乘中枢车站，因此在其周围发展出了各类购物娱乐设施。如果长住在东京，那么到以上任何一个地方和朋友玩乐都非常方便，但是恐怕真的无法满足你的“旅游”需求。

在此，给各位推荐东京所有景点中笔者觉得真正有价值体验的几处。这些景点，比较适合来日本的目的不仅仅是购物和走马观花，更想体验当地文化，了解这个城市，体会不同的实实在在乐子的年轻人以及比较有闯劲儿的年长者们。如果你的时间有限，强烈建议把这些地方优先提上日程，一定不会失望。

赤脚浴袍闲来晃：大江户温泉

游览时间：一个下午

东京大江户温泉物语位于东京都台场，从都心坐车 20~30 分钟可以到达，路途上还可以欣赏台场风景。要说台场，给我的一个印象就是“大”。不像其他地方格局紧凑，走到哪里都很远，很浪费时间体力。去了横滨，就没必要游台场，所以真的坐车一过就可以了。而大江户温泉，我实在觉得是个会让你有诸多惊喜的地方。

进入大江户温泉，是布满着日本传统装饰的大堂，你可以在这里入

场，根据时间不同入场费用会有所变化，但是基本都在 1500~2000 日元。工作人员会让你选择喜欢的和服浴衣，拿着它进入更衣室，存包更衣，你就摇身一变成为江户人士了。除了手机，几乎所有的东西都不用携带。在馆内的一切消费都会记录到你的手牌上，出场的时候统一结账。

大江户温泉所有的部分几乎都在一个巨大的室内，有各种传统装饰，有无数日本料理店，有按摩院，有一直会有日本传统节目表演的舞台，有榻榻米的休息室和按摩椅子室，当然了，还有必不可少的温泉。

温泉有巨大的浴场，露天温泉，桑拿房。还有坐落在外面美丽景色中的足浴场，足浴场中当然还有替你清除角质的小鱼池。岩石浴、沙浴也有配备。如果你追求品质，还可以申请单人的露天浴室自己慢慢享受。甚至这里还有给狗狗用的温泉，如果你带狗狗来旅游的话也可以给它开开眼界。

泡澡之后，一身舒坦，你便可以在这里四处逛逛小吃和小商品。除了一些正式的饭店之外，还有各种和传统祭祀上一样的小吃摊。无论是大吃一顿还是惬意享受小吃都可以。

另外，大江户温泉会不定期的和其他公司合作推出一些主题活动。比如我有去过和动漫《银魂》以及《飙速宅男》合作的主题温泉。就连小吃摊里的餐点也会摇身一变全部成为与主人公有关的食物，或者举办一些和动漫情节以及人物配合的解谜活动。对于爱好者们来说可谓是天堂了。

巍巍我赤门，悠悠我不忍：从东京大学到上野公园

游览时间：2~3 小时

如果你是一个文艺青年，爱好建筑、文化、历史、摄影，那不妨走一下东京大学—上野公园的路线。

东京大学不仅是日本第一学府，她的本部所在的本乡校区更是有120年以上的历史。其中最有名的是代表着东大的安田讲堂。从正门进入，穿过银杏大道便可以直达安田讲堂。到了11月末银杏叶落的时节，这里就会变成一片金色世界。

安田讲堂的地下是东大的中央食堂，任何人都可以来这里用餐。若你是中午时分来此，也可以感受一下日本的学生们每天吃的家常饭菜。食堂套餐350~550日元不等，非常实惠。在展示台看中想吃的东西之后，在窗口或者自动贩卖机购买饭票，之后到楼下取餐。

面对安田讲堂站在银杏大道中央的十字路口，你左边便是东大的工学部，右边是中央图书馆。穿过装饰精美的穹窿，来到工学部，那里值得一看的是建筑一号馆以及其面前巨大无比的一棵老银杏树；经过整修之后，在一个老建筑上面又撑起一块新建筑的二号馆；立面窗丰富的八号馆。

沿着图书馆门前的路下坡，可以在一片绿色中找到一个入口，一旦进入，外界的噪声便瞬间与你隔离，仿佛置身于另一个世界。这就是以夏目漱石作品命名的三四郎池。池里有巨大的鲤鱼，有时候还能看到乌龟，据说看到乌龟是非常幸运的象征哦！

这之后，你可以在东

大校园内坐巴士来到上野。如果有手机导航，天气又好，也可以步行前往，大概步行 10~15 分钟，就可以来到上野的不忍池。池里开满荷花，水鸟纷飞，是让人心旷神怡的美景。

沿着不忍池走，就可以进入上野公园著名的赏花场所。如果不是樱花季，这里就只是绿茵而已，但凡是周末，便会聚集大量的街头艺人。非常有趣。

继续步行深入，会到达上野的展馆区。这里坐落着东京的几个最大最古老的美术博物展馆——东京都美术馆，东京国立博物馆，国立西洋美术馆，上野之森美术馆。对美术和历史感兴趣的朋友，因这几家展馆都有中文网络主页，所以可以事先查阅一下展览内容，说不定可以看到莫奈或者梵·高的主题原画展览呢。

次元大转换　乾坤大挪移：秋叶原

游览时间：普通人：1~2 小时　动漫宅：∞

无论是动漫宅还是现充族（非动漫宅），如果要想全面看东京，都建议去一下秋叶原。

秋叶原离上野以及东大不远。无论你以何种方式接近秋叶原，都会感受到次元的变化——秋叶原范围内明显充斥着各种二次元空气，就连街边商店的音乐都一律变成可爱萝莉声……

你可以沿着主干道步行路随意逛，看到感兴趣的店面就进去溜达，尽情感受宅国的第一宅天堂。在女仆咖啡馆，外国人会面临少许的语言障碍，但是如果你会说一两句日语，能应付点菜，或者有朋友带着，强烈建议进去女仆咖啡馆体验一次。可不仅仅是能看到穿着女仆装的妹子哦。

和爱的人一起划过天空：横滨

游览时间：下午 + 晚上

横滨是一座充满了现代浪漫气息的海滨城市。严格来说，它属于神奈川县，并不是东京的一部分。但是由于众多东京上班族选择横滨买房居住，所以两地之间的交通非常方便。港未来 21 和红砖仓库都很高端大气小资，游客可以沿着海边漫步，坐摩天轮（就是蜂蜜与四叶草里面的那一座），可以到地标塔顶层看夜景。这里无疑是在东京附近感受海边气息的好地方，如果时间充裕并且天气晴朗，还可以买票坐游轮看遍两岸之景。

童话之国　翱翔之梦：三鹰之森　吉卜力美术馆

游览时间：一下午

如果你是一个吉卜力迷，不用说这里是必去的。如果你只看过一两部宫崎骏的作品，这里也是必去的。如果你没看过宫崎骏动画，没听说过吉卜力，嗯……你来这里一定不会后悔。

整个场馆都是以吉卜力的作品为主题的。整个场地的设计充满了细节，惊喜，感动，就好像真的置身于那些故事场景一样，让人流连忘返。不过，吉卜力美术馆的门票比较麻烦，不能在馆内购买，需要在日本罗森提前预约，推荐在国内网上订好票，或者挑人比较少的工作日白天安排行程，提前日本约票。另外，馆内不允许照相，是为了让人们不要专注于按快门，而是打开自己的感官，更好地享受在馆内的每一分一秒。

三花两猫一蓝天：东京下町

游览时间：随时随地

东京不仅仅是一个大都市，东京还是一个历史悠久的城市。有很多充满了味道的老居民区和商店街，日本人将这样的居民区称为“下町”。在你不太急的时候，不妨穿越一些居民区小巷，都是一步一景，花草盎然。当地居民们喜欢在自己的家门口摆满盆栽，或者让花草伸出墙外，再加上常常可见的各种小店，在东京散步是一种享受。

东京比较著名的“下町”代表之一便是谷中—根津—千駄木一带，简称“谷根千”。如果你打算去前文推荐的东京大学或者上野，那不妨也留出一个下午到这里逛逛。从东大步行 10 分钟左右便可以进入这一地区，步行 20 分钟就可以来到著名的下町步行街“谷中银座”。你也可以乘坐山手线，在日暮里站下车访问这里。

谷中银座虽小，可看可玩的东西却不少。这里有东京最著名的可乐饼店，有可以吃着和果子品尝抹茶的甜品店，有以猫咪为主题的杂货店，还有日本经典的金太郎糖专卖店。每一家小店铺里面都藏着好多宝藏。如果是周末，不仅当地居民会来购物，还有不少东京各个地方的家族和情侣来悠闲的逛街。你可以看到日本人生活最真实细微的一面。对崇尚“慢旅行”，喜欢探究日本文化的朋友来说，这里可是强烈推荐拜访的地方之一。

东京最大的魅力，就在于它是传统和现代繁复交织。新和旧，活力和成熟，规则与怪异同时存在。而这样的魅力总展现在那些鲜为人知的细节之处。希望你能放慢脚步，开启感性的触觉，把每一丝纤细的感受装入心中，满载而归。

东京旅行攻略

JAPAN
NON-PRETENTIOUS
GUIDE

第四章

日本人在想什么

1. 相亲也要一千个人一起

日本人相亲吗？他们怎么相亲呢？

从古以来，日本也传承了中国的传统——相亲。估计很多朋友对日本相亲的印象都是男方西装，女方和服，年轻男女和双方家长坐在榻榻米上，啜着绿茶寒暄，然后家长们看过满意之后找个理由相继出去，只留下略带羞涩的两人，故事由此展开……

可到了现代社会，这样形式的相亲越来越少啦！做什么都要过于认真的日本人，造出了一个词“结婚活动”，简称“婚活”。和“就职活动”“妊娠活动”一样，是指为了实现某种目的而采取的一系列有规律可循的行为。那么这个“婚活”就是指为了找到理想的结婚对象的行动。当然啦，找到恋爱对象也可以说是“婚活”的一部分。有代表性的包括少人数的联谊，登录结婚介绍所，近年来还出现了一项很独特的活动——“街 kon”。这可不是指居委会大妈把同一街道的男女介绍认识那么简单哦。那么就来跟大家讲讲我亲身体验的，日本千人大型相亲活动吧。

这个“街 kon”呢，正确的翻译过来应该叫作“地区相亲”，它其实是日本为了地区振兴而发明出来的活动。日本第一次地区相亲是 2004 年在枥木，随后立刻在全国流行。现在它已经成为年轻人最主要

的一种相亲方式。地区振兴是日本这些年甚是流行的一个词，它的意思就是，人们向着大城市以及大城市的某几个中心区集中的时候，那些非中心区以及城郊的经济就会萎缩，最简单易懂的就是非大型商圈的街边小店没人去了。这也会造成整体经济的萎缩。所以要举办一系列的活动和措施，鼓励大家去这些非大型商圈消费、游玩，振兴那些被忘却的区域。

日本最大的地区相亲，参加者曾经达到了一万人！那么这个地区相亲和普通的多人大型相亲活动有什么区别，为什么这么多年轻人喜欢去参加呢？那就跟着曾经做过工作人员的我，打扮整齐，杀向现场去参加一次地区相亲吧！那边那位同学，请先把你的格子衬衫换掉！

地区相亲通常是在周末的白天，在一个步行就可以到达的区域内举行。在这个区域内，工作人员会包下好几家餐馆。这些餐馆就是相亲的活动地点了。参加者只要交一个固定费用，就可以畅通无阻啦。拿到了地图，无论去哪家都可以哦！

通常来说在这一天，你需要一个和你一起行动的同性，两人一组进店。所以找个单身小伙伴，一起报名的话彼此就是最棒的 wing man 啦。当然，如果一个人参加，有些组织也会给你安排小伙伴——这就是地区相亲的一个特点：不是一对一，而是二对二的组合。这样可以更好的避免害羞尴尬。

进入店铺后，就有工作人员帮你安排座位。这家店哪里什么情况我可是都了如指掌的！如果有两人一组的妹子来了还没有配对，我就会带着你们两个男生过去啦。但是如果店里还没有在等的妹子，就会给你们安排一个座位，有妹子组合来了再带给你们。

接下来，你们就可以和这两个妹子相识，然后四个人开始吃点东西，进行对话啦。每一组对话的时间大概在 30 分钟。根据活动也有可能变长或者变短。但是少于这个时间是不能出店或者换座位的呢！如果没有这个规定就可能有对对方失礼的情况发生。既然是自己报名的相亲，咬着牙含着泪也要把 30 分钟聊完！

当然，如果聊得投机，就可以交换联系方式。如果四个人觉得特别开心，甚至想中断相亲就地一起出去玩也是可以的。不过这种情况发生的较少了，毕竟大家是抱着目的来的，尽量多认识一些人，找到中意人的概率也就更高一些。所以即使是之后一起出去玩，也是拿到联系方式后以后另外约啦。

当然了，除了大多数人活动的区域，在饭店走廊或者门口搭话的情况也不少见的。毕竟地区相亲的目的是让参加者可以认识更多的人，安排桌子只是制造机会的方式之一而已。

就这样一天很快就过去了，你的手机里也多了好多妹子的联系方式，之后就可以周末约她们出去玩，继续互相了解啦！当然也会有人当天活动结束后第二天继续一起玩，有缘的话说不定可以就这样在一起呢！

最后讲讲做地区相亲工作人员的亲身体验吧。

工作的时候，会有比较精明的妹子偷偷拉我到一边说，可不可以等下给我们安排一组长的帅的啊？求你啦！进来以后看到不帅你就带他们去其他妹子的桌子就好啦。遇到帅的再给我们。对于这种要求，工作人员通常都是哭笑不得的！因为参加活动的大家都是公平的，不可以有任何偏颇和对参加者的评判。很多目的性比较强的参加者会很慎重的观察其他异性参加者的颜值。想要一开始就迅速配对大帅哥大美女。看到一般的人比较多就很失望，这样的心态其实是不太好的。如果想找帅哥美女应该去夜店啊！

另外，其实我不是特别推荐这样的活动来找恋爱对象。正如这些精明的妹子所观察到的那样，其实这种大型相亲效率一般比较低。为什么呢？人人都嘴上说希望门当户对，实际上这样的活动参加者的条件也都差不多。但是大家心里都想找条件好一点的，所以来了比较容易失望。心气高的人，要认识到自己的需求。要么就摆好心态，要么就意识到这一点然后去更高一点层次的圈子结识对象，那样才比较靠谱一些，不是吗？

2. 五分之一男人不结婚的民族

咱们上一篇文章中提到，日本的政府和各种团体都积极地举办相亲活动，可见是为了找另一半的问题操碎了心。日本的少子高龄化，以及不结婚的问题大家一定都有所耳闻。

据 2012 年的调查，日本人的第一次结婚平均年龄，男性为 30.8 岁，女性为 29.2 岁，并且还在逐年升高。具体到现实生活中就是当

我 24 岁的时候，国内的同龄人已经开始被父母催婚了，可是当我认识的一个日本大哥在 28 岁左右结婚的时候，周围的日本人都表示他结婚可真早。而在他们看来，二十四五岁根本就是还完全不用考虑结婚再逍遥个四五年的水准。而现在日本女性产下第一子的年龄更是超过了 30 岁。我身边很多同龄人甚至都是妈妈 30 岁，甚至 40 岁以后生的。

除了晚婚，不结婚的人也在增加。2012 年的统计显示，日本人中，每 5 位男性中就有一位到 50 岁还不结婚，而女性中这个比例占到十分之一。更可怕的是，早在 2009 年，就有 87.8% 的年轻人对“结不结婚都无所谓”这一观点表示赞同。

为什么会发生这种晚婚不婚的现象？我认为有一个主要原因和一个次要原因。

主要原因，是日本，尤其是大都市的生活方式，使得单身生活非常的舒服自由，这导致人们对于另一半的需求大大减弱。我认为这也是为什么发达国家普遍出现晚婚现象的普遍原因。

日本的厚生劳动省曾经做过一个“为什么你不想谈恋爱？”的全国调查。让我们来看看男性和女性的回答前五位都是什么样的呢？

男性的回答：

No.1：想专心于自己的兴趣（55.7%）（我脑中瞬间浮现宅男形象）

No.2：恋爱太麻烦了（52.6%）

No.3：想专心于工作和学习（36.8%）

No.4：对和异性的交往有恐惧（14.6%）

No.5：对异性没有兴趣（11.7%）（其实也可以和同性谈恋爱啊……不过这里的意思应该是说，没有特别想要和异性交往的欲望）

女性的回答：

No.1：恋爱太麻烦了（60%）

No.2：想专心于自己的兴趣（57.0%）

No.3：想专心于工作和学习（36.1%）

No.4：对异性没有兴趣（22.2%）

No.5：对和异性的交往有恐惧（19.0%）

但同时，大部分人都表示，自己还没结婚，是因为“没有合适的对象”。也就是说没有让自己比兴趣、工作和学习更感兴趣的人吧。所以他们会觉得，与其和感觉一般的人恋爱，还不如自己过得逍遥自在。

次要原因，是年轻人普遍反映“工作太忙，工作以后就没有什么机会认识异性”。理论上讲，能否遇到合适的对象就是个概率问题。认识的异性少，合得来的人数也就随之减少，所以就出现了上一点中所说的现象啦。

而这也就是地区相亲之所以火起来的原因。既可以避免一对一的相亲，去了发现根本不感兴趣的尴尬，又可以高效率的认识异性，还消磨了时间，至少也多了和异性交流的机会。还不像传统相亲那样（显得我多想结婚似的）让人敬而远之。运气好的话就算不交男女朋友也可以交几个朋友。这太符合年轻人的需求了。

说完了结婚，我们再来谈谈年轻人的恋爱。

很多来日本留学的中国人都会感觉，不少日本的年轻人有点“乱”。较早西化的日本社会，不仅贞操观不是很强，还有一种“身体出轨”“精神出轨”的说法。而对于很多人而言，只要“精神不出轨”，即使“身体出轨”也是可以接受的。甚至在不少家庭中，妻子也会对丈夫去风俗服务店睁一只眼闭一只眼，因为即使去了也只是“身体出轨”。

与在日企工作的朋友交谈时，总能听闻他们的同事上司或是因为应酬，或是因为娱乐，经常会去风俗店（成人服务）。有时候一些人会象征性的问问被拉去的年轻人有没有恋爱对象结没结婚。但很多时候即使问了也会毫无节操地拉人家去玩。每当听闻这样的事例，我总是觉得这些日本太太们有点可怜。不过，人家也不一定在乎呢……

在我们的观念里，一般来说，两个人恋爱基本就是冲着结婚去努力的。可是在日本可别轻易多想，很多时候人家跟你谈恋爱未必是抱着结婚的打算。在他们看来，恋爱就是恋爱，就是两个人两情相悦，在一起的一段经历。如果爱到深处，自然会走入结婚的殿堂，但是绝对没有“交往就要结婚”的义务。甚至有少数人对于恋爱的对象都觉得要保持适当的距离，一周见个一次左右，约个会吃个饭就够了。甚至我有个同事表示，自己非常向往“走婚”，也就是两个人结了婚也不住在一起，而只是一周见一次面约个会吃个饭就行了。天哪，这结婚和谈恋爱好像也没什么区别！这样的观念可以说是有利有弊。两个人各自保持自己的生活独立性是好事，但任何关系都过于疏远也会造成孤独。我想，日本社会普遍的孤独感可能与他们在恋爱和家庭关系中关系过疏不无关系。

当然话说回来，人和人之间的差异性要远远大于民族之间的差异性。我们所能概括出来的只是一个大概的倾向，也不能把一个国家的人一棒子打死，认定他们都是这样想。在日本既然有思想开放的人，那么极其传统的人自然也有，只是数量多少的问题啦。只是了解了整体的倾向之后，就更容易理解各种各样我们本无法理解的现象背后的本质。

最后再说说早恋。很多朋友一定都向往过日本动漫影视作品里高中生单纯甜蜜的恋爱。的确，学校，老师和家长很少会对孩子的恋爱问题过多干涉。从前我曾经在日本的博客上看到一个母亲写下这样一段文字：

> “希望我的孩子多多的恋爱。哪怕是胸口灼热的，小鹿乱撞不知所措的恋爱，也希望他能多多经历。
>
> 即使是痛苦的恋情，也是人生的经验，不是吗？
>
> 如果有了喜欢的人，就会对对方更加关心，就能看到对方更多的优点，想更深地去了解对方。在不经意间，就会变成一个希望让那个人过得幸福的自己。在那之前，一直都是很自我的人就会变成会去考虑别人想法的人。”

日本的父母会有这样的想法，首先有社会大背景的原因，比如升学竞争相对不激烈，贞操观较弱，早恋在社会中出现的早等因素。也有刚才所谈到的“恋爱和结婚不是一码事”的观念影响。或许这位母亲自己，少女时期也有过无法忘怀的恋爱，才能够有这样的感触吧。对恋爱不等于结婚的“不认真”，反而让人们抛开现实的因素，对恋爱本身的体验“认真”起来，或许这就是我们可以在不同文化的价值观中窥到的可供学习之处吧。

3. 让人内心一暖的牛奶纸盒

有一次陪国内来东京旅游的朋友购物，朋友指名要去无印良品，LOFT，TOKYU HANDS 这些日本的大型杂货店，从小家电到纸笔本子买了一大箱。她在国内学习产品设计，一整天逛下来，极其兴奋地抓着我说道：“一向最喜欢日本注重细节的设计，今天可算了过了瘾了！钱包也空了！”

“日本的产品设计，的确细节入微，但有一样你肯定想象不到，设计之用心会让你感动得飙泪。”

“除了颜色，材质，零件，包装这些还有别的？”

“其实除了你说的这些，日本设计一样用心之处，反而不在这些精品店，而在最普通的超市和便利店里。”

您也别急，且听我细细道来。

日本的牛奶纸盒。

看上去没什么大不了的，我们这儿的也一样。

在开口处，为了防止顾客弄错而撕开错误的一侧，标示着“开口”——你知道这个缺口是为什么而存在吗？

其实是为了方便盲人。牛奶纸盒的设计是有一侧比较好开，而另一侧则较难撕开成平整开口，所以在非开口的一侧有一个豁口，即使看不到的盲人，一摸就可知。

但是这还仍不是我要说的设计细心之处。事实上，很多时候如果你打开另一边，会发现这里写着 10 个字。第一次发现的时候我瞬间内心一阵暖流。

这是什么字？为什么会在这里写？

我们在前面的章节也曾经提到，在日本，为了充分利用资源保护环境，也为了节省垃圾桶的空间，纸盒子喝完以后，应该完全打开，洗干净，剪开成一张纸并且晒干再统一回收但是这个过程过于麻烦，所以喝完直接就扔的人也不少。也就是说，只有认认真真去做回收的人，才会打开盒子的另一个口，才会看到这句话。它的意思是：

“谢谢你对回收资源做出的努力”

不同品牌的牛奶，传达的信息也会风格不同。

“谢谢你把我打开，细心收拾好❤”

是不是看到这句话以后，觉得自己为了环境保护花的时间很值得，和制造这家产品的公司来了一次对话呢？

在外包装的细节上与顾客交流，这是日本设计无数人性化的特点之一。

有一款盒装巧克力包装，开口处会写着“请慢用”。吃完以后，盒子最里面写着“无论何时，都请再来享受一刻小憩”。有的卷纸用完以后，纸芯上印着“谢谢您每次的光顾”。在有的拉面店，喝完最后的拉面汤才看得到碗底写着“谢谢”“明天也等着你呢”。

更是有公司，把酸奶都做成了收藏品。

知道你们都爱舔酸奶盒子上面撕下来的那张盖儿。某一天，某个顾客喝早餐酸奶之前舔完了盖儿，突然发现盖子上写着：“祝你有美好的一天！”

原来这就是酸奶公司的新创意，在大家爱舔的酸奶盖儿上印上各种俏皮话或者正能量的话语，让人在品尝之余也能一笑一思。

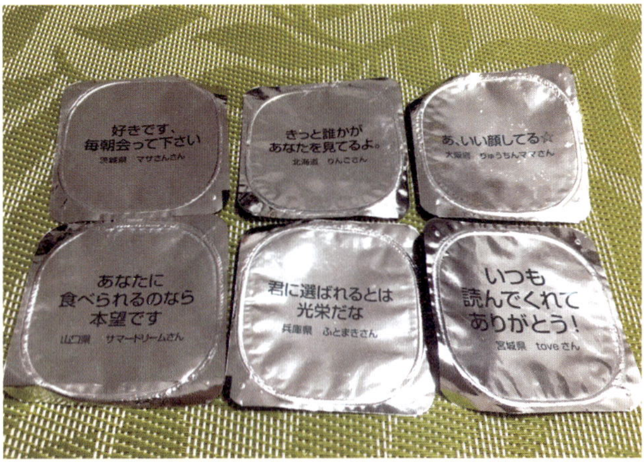

“我喜欢你。每天早上都见面吧。”

“一定有谁默默地看着你呢。”

“啊，你的表情真好。”

“如果被你吃的话求之不得。”

“能被你选到是我的光荣。”

“谢谢你仔细地读我。”

有时候也会很懂你地说：

“这里最好吃对吧！”

偶尔也卖个萌：

“没有段子了。征求段子。”

嘿，白舔了！

4. 日本人的“认真病”

网上一直有一个段子，说处女座的人极其认真，不能容忍任何的不整齐，混乱和高熵现象，就好像有一种“强迫症”。且不说广大处女座的朋友是否真的有这个特点，每次看到这个段子，我都会不由自主地想，这算啥，日本全体国民可能都患了一种“认真强迫症”。

日本人“认真”和“守规矩”这两大特点，恐怕是每一个略懂其文化的人都知道，并且愈发深入接触他们的社会就能愈发强烈地感受到的。它带来的效果是有两面性的：一方面，人们规规矩矩行为不太出格，大多遵纪守法，所以日本的公共环境和治安都比较容易维护；另一方面，过多的局限在规矩中太过认真，也导致这个国家多少失去不少活力和创新的力量。

不少留学生初到日本，第一件要做的事情就是去区政府登录户口。在填写一张又一张的表格中，很多人可能都不会注意到，工作人员经常会把需要记入的空栏用笔标记出来，几乎所有的表格都会有一份详尽的范例以供参考，各类事项的讲解通常是严格遵循一个固定流程，以防遗漏。走在街上，会发现所有的建筑工地都会包得密密实实，不会暴露在街上，而只要是哪里有修路或者障碍物，就一定会有一个人站在旁边，不断地提醒路人“前方有障碍，请注意绕行”。这些都是认真带来的“福利”，也是为什么很多旅游者到日本以后会觉得出行和生活竟然如此方便，不少地方的设计和服务都做得细致入微，一丝不苟的原因。

但同时，“严格遵循流程”虽然减少了遗漏，风险和不负责任，也减少了通融的可能性。在你需要特殊情况特殊照顾的时候，往往会得到一个充满歉意的拒绝，即使你觉得自己提出的方案明明完全可行——这时候不少人也会特别怀念在国内灵活通融的办事方式。甚至有时候，还有人会打着“规矩”的旗号去打压不熟悉规矩的人，尤其是外国人受害甚多。规矩和认真一旦被滥用，剂量过大反而就有毒了。

这种毒害在日本的企业里尤为明显。我们都知道，创新必然伴随着风险，有时候挑战与否并不能完全通过理性和数字分析，要多少凭一些直觉和冲劲去下判断。但很多日本企业恨不得把所有不可控的情

况都分析到位，用数字表现出来，然后回避一切可能的风险，甚至不惜放弃机会——当他们终于醒悟这是一个千载难逢的机会时，黄花菜早就凉了。这就是为什么日本企业在制造业上有着优质的流程和管理方法，而在需要快速创新迭代的互联网领域几乎惨不忍睹——过于认真的行事风格，和这个领域实在太不合拍。

一个典型的代表也许就是日企里“用 Excel 软件做一切”的现象。我们都用 Excel 记录并处理大量数据，可你能想象用 Excel 做会议记录，展示资料，提交并保存申请表，做风险评估，甚至画 APP 的界面吗？也许是 Excel 表格可以严格调整格式，让每一条文字横平竖直的特点引得日本人沉迷于此，但过于追求形式而处处使用 Excel，带来的就是不善于发掘新工具而导致的效率低下和落后于时代，难以管理数据等弊病。

有些事情做过了头，在他人看来就不过只是沉迷于自我感觉良好的可笑行为了。这正是不少日本人尚未自知的“认真病”。在过去的时代中，认真也许可称为是日本的美德。然而太过拘泥于它，最终很可能就作茧自缚。今天的日本，也许正应该好好向中国看看，学学我们洒脱而不拘小节，只掌握大局的行事作风呢！

5. 一封送钱的来信，可不一定是诈骗

事情是这样的：某一天晚上回家，我在信箱里忽然发现区政府寄来的信。拆开一看，信里写着如下内容：

> 由于日本的消费税率从 5% 涨到 8%，政府决定对所有低收入阶层寄予临时补助，金额为 10000 日元（约合 600 元人民币）或 15000 日元（约合 900 元人民币）。

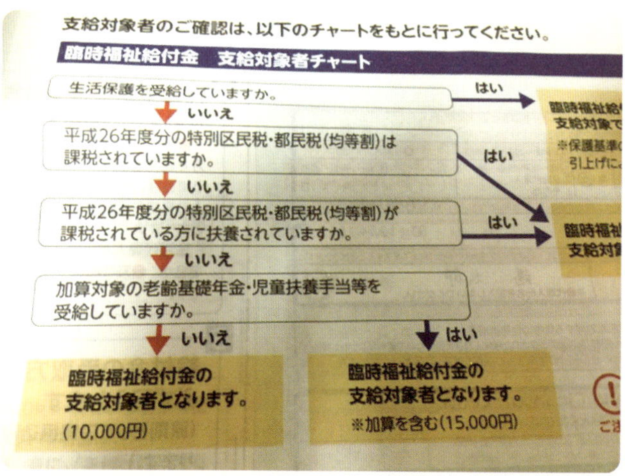

该补助的对象为所有去年未支付住民税的居民。在这其中，无论国籍，性别，年龄。只要在 2014 年 1 月 1 日之前于日本有固定住所，作为正式居民登录的人，均可获得这项补助。

未支付住民税是怎么回事呢？在日本，收入超过一定额度就要支付住民税。一般来说，有正式工作的人工资都会达到这个额度。具体条款比较复杂不详述。从结果来看，去年未支付住民税的居民，基本上可以看作是指还没有开始工作的学生、退休的老人、已工作的极低收入人群，再加上工作第一年的人。

再简单点来说，2014 年日本有 8 万多名的中国留学生。正常情况下日本政府会给这 8 万人每人 10000 日元，合计就是 8 亿日元（约合 4800 万元人民币）的补助。

这就是日本的福利。你说它傻也好，说它效率低带来恶果也好，至少对于中国人，它是丝毫不会有排挤和轻视，一视同仁地给予支持的。甚至中国人在日本还有一些福利特权。比如中国和韩国的留学生，

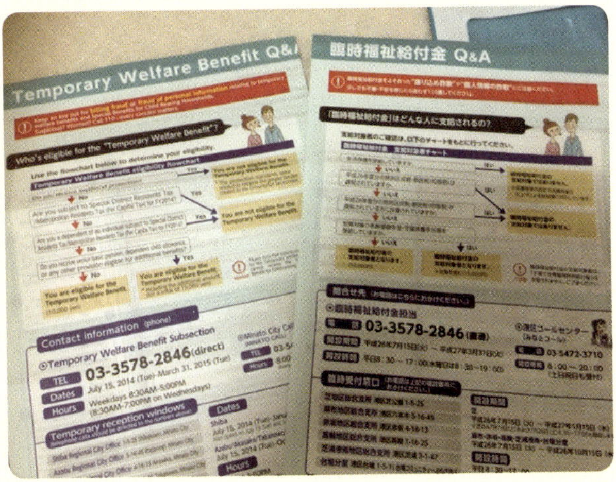

打工的收入都可以全额免除所得税。对于外国人一视同仁的最好证明，就是在这份 10000 日元的付款通知中，对所有外国国籍的居民都附上了英语的说明。

虽然一万日元的补助并不多，相当于涨税 3% 以后每消费 30 万日元多付出的税款。30 万日元大约等同于低收入阶层 1~2 个月的消费。固然解决不了长期问题，但是这种关怀却让人多少感到温暖。毕竟谁也没想到政府涨了税之后还会给居民补点钱。

好像日本政府一向不吝啬在国民补助上花钱。举个例子，在日本每生一个孩子，最多可以拿到 200 万日元（约合 12 万元人民币）的补助。什么！还能靠生孩子挣钱？到底这是怎样拿到的呢，让我们来看一下这其中包括的几项补助措施：

1. 生孩子奖励费

由于日本的国情是人口减少趋势，所以政府大力鼓励大家生孩子。实际上，只要怀孕 4 个月以上，那之后无论是孩子出生，还是流产，早产，死胎，人工流产，都可以拿到 42 万日元（约合 2.5 万元人民币）的补助。可以直接接受现金，也可以直接从交给医院的住院费等里面直接扣除。如果加入健康保险，可能这笔钱还会更多。

对象：所有怀孕 4 个月以上的居民。

2. 产假补助

福利措施比较健全的公司，即使是因为生孩子而请假，也可以正常拿工资。但是如果公司不出这笔钱，政府便会提供补助。补助金额是按照休息的时间来计算的。如果休假 98 天，那么每天给 8000 日元（约合 480 元人民币），合计三个月期间补助 52 万多日元（约合 3 万元人民币）。当公司给补助但是少于这个金额时，政府会把不足的金额补上。

对象：产假期间公司不给工资或者给的工资少于每天 8000 日元的居民。

3. 与生孩子相关的花销，超出一定额度的部分，可以减少所得税的征收。

这个比较复杂，举例子来说明，就是从怀孕起去医院检查的每一次的交通费、住院费、生孩子之后的检查费等加起来，如果是 63 万日元的话，在其中减去 42 万日元的生孩子补助，再减去 10 万日元，剩下的额度就是可以不计入所得税的部分。在这个例子中是 11 万日元。

在所得税计算的时候，可以从收入中减去这 11 万日元再确定交税的比率。有时候减去这 11 万日元，下一年交税的等级就会变化，交税比率会大幅下降。

4. 育儿补助金

在孩子出生后到未满 1 岁的这段时间，如果在家休息育儿，也可以从雇用保险中获得补助。金额为原来收入的 50%。比如之前每天收入 8000 日元（饭店刷盘子 8 小时的工资），休息 10 个月，可以拿到约 121 万日元（约合 7 万元人民币）的补助。原工资较高的人拿到的额度更高，每个月最多可以拿 21.5 万日元（1.2 万元人民币）。

对象：育儿期间休息，而且这段时间公司出的补助低于原工资的 80% 的，有雇用保险（大部分公司正式员工必须加入）的居民。这一项父亲也可以拿到。另外这一项在父亲也取得长期休假的情况下，补助期间可以延长到 1 年零 2 个月。

当然了，以上所有政策也适用于在日本居住（有 3 个月以上合法签证）的外国人。因为生孩子的鼓励措施如此之多，所以大家也经常会打趣“生个孩子挣钱”。

除了以上的生孩子补助之外，还有下面这两项相关的福利：

1. 不育症治疗补助

当夫妇有一方或者双方进行不育症治疗（体外受精或显微受精）的时候，因为不能用健康保险，所以政府额外给补助。每年最多可以领取两次，一次 15 万日元（约合 9000 元人民币），也就是如果持续治疗 5 年的话，可以领取到 150 万日元（约合 9 万元人民币）的补助。

2. 单亲家庭补助

单亲家庭，在孩子 18 岁之前，每个月政府给最多 4 万日元（约合 2400 元人民币）的补助。

在老龄化严重的日本，老年人的退休金以及健康上的补助自然数不胜数了。不知道大家有没有见过横行中国的日本老太太老头旅游团，拿的相机都是“大炮”简直亮瞎眼。正常工作以后退休的老爷爷老奶奶们可比我们这些苦逼加班的年轻人有钱得多了。不过你可能不知道，对于失业的人，政府也有一系列的补助措施。

比如失去工作的人，无论是自己辞职还是公司不要他了，或者是公司倒闭，都可以拿到补助。当然了，自己辞职的话拿到的钱就相对少一些。一个 30 岁的月收入 24 万日元（这个收入在 30 岁简直算少得可怜）的人，自己辞职的话一般可拿到 47 万日元（3 万元人民币）的补助，公司辞退的话可以拿到两倍。工资更高的人可以拿更多。

更不可思议的是，失去工作的人，再次找到工作的时候也可以拿到奖励金。而且越快找到工作，奖励金越多，拿到 20 万日元（约合 1.2 万元人民币）都是可以办到的。对于失业的人，政府还会补助一部分参加学习班学习技能的费用，或者参加公共职业训练的费用。如果是因为公司破产，一时间付不出给他的工资，政府也会把这一部分补上。简直就是关怀得无微不至啊。

这样的政策都是为了减少因为突发状况而陷入不幸的人，从而维持社会的稳定，让跌倒的人也能更容易地站起来重新生活。

这样的福利简直就是天堂。你这样想了吗？但这只是事实的一个侧面，我们再来看看另外一面。

1. 对于无家可归者而言，固定住所是致命的限制

刚才我所提到的所有政策几乎都有一个限制，就是在日本有固定的住所。这是什么意思呢？在日本，居民的管理是以各个区为单位进行的。所有福利也都是在这个区的区政府申请，东京都政府是不负责这些事情的。无论我们是租房，或者买房，只要有个长期居住的地方，就要到那个区去“登户口”。没有户口的人，无论是找工作，办手机，开银行，还是享受社会福利，都是不可能的。

但是在日本却有一部分人，每天睡在公园里或者天桥下面，日本人叫他们“Homeless”，也就是流浪汉。虽然政府出台很多政策来帮助这些人，但是有的人可能身负巨债，或者因为政策的诸多限制无法脱身，或者单纯不想恢复原来的生活，而导致他们作为“Homeless”一直生活下去。对这些人来说，福利再好也大多是无法享受的。

2. 对于政府来说这些福利是越滚越大的包袱

日本政府身负巨债，连年赤字已经是到了危机的程度了。否则也不会在民众的怨声中提高消费税。东京都的住民税也是日渐水涨船高。由于老年人越来越多，出生率越来越低，靠年轻人奋力工作提供老年人的福利已经愈发艰难。在论资排辈的日本企业里，拿着高工资坐着高位的老头子们也逐渐开始成为年轻社员们埋怨的对象。

可以说，这是一个发达国家发展到后期必须要面对的问题。日本现在已经逐渐陷入这个困境，我们国家总有一天也会开始面对这些。要知道以我们现在的年龄结构，老龄化问题会在若干年后以更迅猛的形势扑面而来。现在关注日本，就等于是为自己以后多铺一条道路。

也因为如此，很多日本人对于自己国家的未来感到极其悲观。一些人甚至每天都说着“日本要完蛋了”。大部分中国人也对日本的将来不看好，甚至及其看差。作为冉冉升起的经济大国和全世界瞩目的新星，回到国内，可能性更大，将来更光明。这样想的人想必是占了大部分吧。

因此，出国也不一定就是好的，国外也不一定就是天堂，好的福利政策带来的也不完全是乐园。还是那句话，每个国家都有各自的好，也有各自的不好。关键要看哪个适合你和你决定在那里怎样生活下去。不过我还是愿意相信，他们终有一天可以找到解决问题的方案。到那时，我们也可以参考他们的解决方案，为祖国将要面临的同样问题做一个更好的参考了。

6. 日本的性别平等是个事儿

日本，是一个全盘西化过的发达国家，也是一个自古深受中华文化影响的亚洲国家。很多时候，社会的思考模式可以说是“披着西方的皮的东方思想”，具有极强的特殊性。其中最有代表性的就是性别平等问题了。在 2015 年的世界性别平等调查中，日本在 145 个国家中仅排到 101 位。哪里是先进，简直是落后国家的一员。

那么，日本到底是不是一个性别平等的国家？可以说是，也不是。

为什么是？

由于日本社会体系已趋成熟，从法律，公司规章，到社会表面的接人待物，女性的权益和平等都是被非常重视的。也就是说在性别平等被反复拿出来讨论的这个国家，在社会制度和政策上很少存在非常明显的对女性的不平等。甚至有时候达到过度保护的程度。

最有名的例子就是“痴汉冤罪”。大家都知道“电车痴汉”（性骚扰）在日本属于犯罪，但是痴汉这件事情基本上是不可能取证的——最终只能是女性坚持说对方有骚扰行为，就给这个倒霉蛋定罪。但是偶尔也会有一些神经病女的，胡乱冤枉人，就真的有一些倒霉蛋成了冤枉的痴汉，甚至成了一个社会问题。在防止痴汉，引进女性专用车

厢之后，甚至有专家呼吁引进“男性专用车厢”。

这样的规章制度的确在一定程度上有效地保护了女性，也许是我们应当学习的。然而同时也会有人质疑，过度保护女性的规章制度是否反而是性别不平等的表现。

为什么不是？

对于这个问题，日文版维基百科在“男女平等”这一词条上总结的非常棒：

“在实现男女平等上，日本并没有做到考虑性别差异的基础上使男女权利平等。从男性角度来说，男性在取得育儿产假的权利方面，以及选择做家庭主夫方面，都没有被一般社会文化接受。从女性角度来说，对成人女性的性保护还没有健全。”

这些其实都有一个根本原因，就是日本的主流仍旧是“男性工作，女性持家”的家庭分工。

其实我并不反对这样的家庭结构，男女本身就有擅长之别，对于每一个家庭来说，经过判断选择男性工作女性持家没有任何不当，甚至可以是家庭幸福的保证。但是当这样的家庭分工成为全社会理所当然的选择时，它就会带来一系列的社会问题。男女平等问题就是其中之一。

第一，女孩子因为这种主流分工结构，过早地放弃了自己在事业上的努力。

日本女生的确温柔，贤惠，小鸟依人。一个典型的日本女生是从来不会说“不”的。不要看电视剧里的形象，我接触过的日本女性不说 100%，至少也是有 80% 是这样的。她们从小受到的教育就是，说话不要伤到别人，说“不”会引起他人的不快，即使表达不情愿也会非常委婉地说出来。

其实，她们选择配偶看脸，看身高，看钱财比中国女性不知道精明哪里去了，只不过人家太聪明了，怎会告诉你？

我们就只看一点。日本女性大多数结婚之后是要当家庭主妇的。而中国女性大多数结婚之后理所当然的是要继续工作。一个继续工作的女人，和一个当家庭主妇的女人，哪个更看重你有没有钱？

所以为了嫁给更高富帅的老公，日本妹子从小就是不断在修炼的。说话更温柔，更贤惠，化妆技巧逆天，思想更开放，甚至你当着她面说黄段子都不会表现出不快反而会故作害羞状。很多人以为这是女性的典范，其实人家都是在下一盘很大的棋。我不能说这是日本女孩们的问题，这也都是环境造成的——别人都这样，你不这样怎么行？和好好学习考大学一样，这就是整个社会的价值观造就的一种现象。

当然了，话不能一下子说死。有梦想，努力奋斗的日本女孩同样存在，笔者在大学和公司里也经常能看到优秀女性的身影。但这只是一部分特例，对整个社会的风气还没有产生扭转性的影响。

日本的电视剧一般都非常好地反映了当下的社会问题。几乎每一个点我们都能在剧里找到相应的情节和人物。比如日剧《约会和恋爱是什么呢》里面的杏。她是一个“理工女”，思维极其理性，说话极其直接。她的原型其实就是那些不像通常的日本女孩那样会说话会撒娇，而是直白表达自己的主张和判断的理科女们。

这不是我夸张，如果你接触过大量日本妹子，会发现有的人真的就是不分青红皂白，总之句句都是在称赞男人为目的的，而且称赞的完全都不符合情理，让人在旁边听着也深感尴尬。

而不会这样表现的女性会在影视剧中被称为“理工女”“不适合恋爱”“你一定是那种结婚后也会工作的人”，可想而知她们的人数有多么稀少。电视剧里的人物都是经过艺术夸张的，在现实中，我敢说至少 50% 的中国妹子到了日本都会成为这个群体，这就是文化差异。

第二，基于这种社会文化的公司制度还有残余。

因为在以前，结婚后辞职是理所当然的事情，对于终身雇用的日本公司来说，女性就相当于临时工。这个判断本身虽然是并无恶意的，但结果就是，从前日本企业招聘的时候曾经男女工资都不一样，女性工资低以及职场上不受重视，又进一步加剧了女性的家庭主妇化。

后来法律规定，废除男女工资不同的制度。于是很多公司就设立了两种招聘职位，“综合职”和“一般职”。综合职就是寄予厚望，重点培养，将来有可能升职的职位。一般职就是辅助性的工作，公司杂务之类的。自不必说，一般职基本就是给女性专门设的。

1990 年以后，日本法律又开始逐渐禁止这种加速男女不平等的招聘方式。今天，很多日本公司已经不分男女的统一招收综合职位了。除了法律规章的作用，这和少子高龄化以及劳动人口的减少也不无关系。可以预见将来日本女性持续工作的比例会越来越高。

在日剧《今天不上班》里，绫濑遥扮演的角色就是这样一个“一般职”。她的工作就是填填表格，装装商品，处理一下公司的内部事务以及给大家泡咖啡这类事情。从来不会去跑客户或者接触主要业务。而在剧中，女主角面临感情上的抉择之时，部长开始找女主角谈话，问她愿不愿意“转为综合职”。并且还说“这样虽然工作变累了，但是工资也会增加，对将来发展也好。”

后来，女主角接受了转职的邀请，于是我们就看到之后她开始跟跑客户，谈生意，负责公司的核心业务。

然而平等的制度只实行了 10 多年，在日式公司里还有残余。虽然在很多愿意改革，强化尊重女性员工的企业中，女性被给予了更多在工作岗位上活跃的机会，但由于很多传统日企的领导层还都是以前那个年代的男性，所以公司里女性受不到重用的风气还难以真正扭转。这一点和我下面要讲的物化女性也有着紧密的联系。

第三，物化女性的文化太过根深蒂固。

物化女性的定义：单以外在和一些顺从的特征评价女性，仅重视其在性方面的作用而忽略其作为一个完整的人所具有的其他内在价值。

其实我们刚才谈到的前两个问题，通过政策和法规都会得到迅速地缓解。但是现在讨论的这一点才是日本社会最大的问题。多少年的主妇文化带来的是什么？“只要贤惠，漂亮，做饭好吃，不反对我就是好女人。”这种思想非常容易理解，毕竟哪个男人也不想劳累一天工作回家之后还要面对老婆的“臭脸”。在这种家庭分工中，女人需要扮演一个支撑和治愈男人的角色。

可是当女性们走出家庭以后，这种思维习惯的残余就显得有点别扭了。

日本大概是唯一一个公司里可以当着女性的面无所忌惮的说各种

黄段子，在公司的活动上为了搞笑提到性话题而大家都丝毫不在意的国家了吧。据说在以前更甚，甚至是可以直接用语言调戏女性的，但是最近这种行为属于公司内性骚扰的范畴了，这么做的人也就少了。

不少欧美文化的公司中，在女性面前说任何让其不快的、涉及性的话题都算性骚扰。而在日本呢，就是男人们一边对你说“真不好意思”“对不起”，一边继续大笑着说黄段子和性的话题。男权大概在这种时候是得到了最强的体现。就算是一般朋友，或者是一对一的毫无性骚扰目的的对话，他们也会很乐于提到这些话题。

另外，在日本有一种很不好的风气，就是不少男性会以泡过多少妞或者是同时脚踏几条船为值得自豪的事情。明明结婚了的人四处拈花惹草，别人还会很恭维的说“你可真受欢迎啊”，“真好啊”，丝毫不会有道德上的谴责。以前好几次有日本大叔在我面前炫耀他们年轻时最多脚踏五条船的“光荣历史”，我都会觉得莫名其妙，这种事不觉得羞耻居然还拿出来说？虽然中国男人也会出轨，但至少在我们的文化里这种事情至少是要遮遮掩掩，不会拿出来炫耀的。

最近很多人不都是在说“这是一个看脸的社会”吗？对于日本的女性来说，这个社会的看脸程度更甚。对一个社会来说，这并不是一个好现象。因为即使是美女，漂亮年轻也都是一个短暂的过程。如果失去这些就失去竞争力，社会就会变得更肤浅，很多人的能力得不到有效的发挥。

关于这一点，让我印象深刻的是日本著名的女社长南场智子女士在东京大学演讲提到的一则逸事：她和几个女社长一起出去喝茶，然后那几个女社长就说笑道：“真不敢相信还有的女性高管连指甲都不做的”。听了这话，南场桑悄悄地将自己的双手藏到了桌子底下……“不做指甲就是粗糙的女人”“穿衣服不时尚逊毙了”这种思想在日本还是挺多的。从个人的角度来说，我并不喜欢。爱美的确是一种不错的追求，但是当人们用单一的标准——是否做指甲，是否烫头发等来衡量他人的时候，这就有点扭曲了不是吗？

第四，因为男女不平等的思维模式，日本男性也深觉受其害。

在日剧《约会和恋爱是什么呢》里面，有一段堪称奇葩的情节广为流传：男主角向女主角求婚的时候，坦白了自己是啃老族的事实。

“我吃住都在家里所以不愁，几乎不出门所以没有娱乐的花销，用钱的时候找我妈要。”

“我是靠我妈开的美术教室挣的微薄收入维持生活，家和土地都已经抵押了。也就是说我继承不到什么财产。如果母亲遭到什么不幸的话我就完蛋了。现在妈妈的身体变差了，我已经不知道该怎么办了。”

“我每天都在思考，然后得出了一个结论！就是找一个代替老妈养我的新寄生对象。而这个对象就是我的妻子。”

听到这里，女主角已经说不出话了……

奇葩吗？鄙视吗？当然，这真是日剧史上最无能的男主角了吧……不过之后他说的台词之中，倒真有两句让人觉得不无道理。“以前女性结婚成家被称为找到了长期饭票。找到长期饭票的女性，会被所有人祝福。女人被堂堂正正赋予了不外出工作的选择。凭什么男人就没有？男人找长期饭票，有什么不行的！”

毫无疑问，被无情拒绝后，男主角又去求女主角跟他结婚。

“求求你了，跟我结婚吧。”

“我可以全心全意地支持你的工作，家庭和育儿也可以交给我，我会好好守护家庭的。”

“每个月我只要拿到一点零花钱就可以了。我不喝酒，也不赌博，也不去夜店，每个月只剪一次头发，给我一点钱买书和 DVD 就可以了。”

看到这里，我觉得男主角真是有点可怜了……

这个男主角的观点虽然通过极端的手法加以表现，却把日本男人的辛苦刻画了出来。也许他在说的就是很多日本男人心里在呐喊的事情吧。为什么女人就有家庭主妇的权利而男人就要独自撑起经济大梁？正如文章开头所说，在这样一个社会，男性取得育儿假期比起欧美国家要难很多，家庭主夫也很难被社会接受。这些都是日本人在和真正的发达国家比较后所存在的差距。

更有甚者，很多有心计的日本女人，会等到男人退休以后马上提出离婚。因为这时候离婚，两个人的养老金是平分的，她忍了一辈子终于忍到了余生完全得到保障，于是就痛快离婚，拿着一半养老金自己快活去了。剩下了离了老婆连衣服都不会洗，饭都不会做的老头独身一人还被拿走了养老金……也真是够可怜。这也被认为是日本社会的一个问题。

关于“是”谈得很少，“不是”说的很多，这并不是说日本真的在方方面面都有很严重的女性歧视，而是那些不足的地方更值得剖析。事实上，发达国家的优点正是每个人都可以按照其想法走不同的道路，并且能走通。如果你不理会这些社会文化的影响，作为女性选择工作或家庭，甚至不结婚一直工作，在这个社会上也不会有任何问题。我在一些公司接触过类似的独身女性，她们在经济上和生活上都过得不错，社会也不会公然对她们有任何的偏见以及非难。我个人感觉，日本社会对于大龄单身女性的宽容度比中国要多得多。也有可能是其他人只在心里想想，并不会公开去说伤害他人的话吧。

和中国一样，日本的男女平等的问题也越来越被重视和不断被改进。我真心期待在亚洲各个国家，男女平等的认知将来会越来越普遍，社会风气会更加开明平等。每个人都能够不因为性别年龄等自己无法控制的原因而受到束缚，而是能尽情追求自己想过的人生。

7. 直女癌

在很多男性心目中，日本女性就如她们的代表“大和抚子”一样，是温柔体贴善解人意又贤惠的象征，很多人认为“娶到日本老婆”是极有福气的事情。的确，在日本的这些年里，日本女性精致的外表和审美，为他人体贴着想的心思和似水的温柔每每让我惊叹，我也一直在默默地学习。但同时我也深深感触到，作为一个完整丰富的人，日本女性实在是在很多地方比中国女性差得太多太多。

要说她们差在哪里，我觉得网络上一个流行词汇可以最贴切地表达其缺点：“直女癌”。“直女”的广义就是指过分女性化的女性。而“癌”则是形容某种特质走到过分极端。“直女癌”的意思，意在表达太多日本女性过于追求女性化的特质，甚至成了一种有害的毒。毒了他人也毒了自己。

“日本女性脑子笨？”——对家庭的过分追求让她们在事业上止步不前。

2016 年，福布斯曾经发布一张“世界最具影响力女性 TOP100”榜单。其中缅甸，韩国，新加坡等亚洲国家均有女性上榜，中国更是入榜 9 人之多。而却日本一个人也没有。在学术研究者中，女性的比例仅为 14.4%。是欧美先进国家的一半。在日本的企业领导者中，女

性比例仅占3.1%，为挪威的十分之一。因此不少人感叹："日本女性比起其他国家的女性，脑子感觉笨了不少啊。"

这些现象的出现，是否因为社会环境不利于女性进行研究和工作？这是不可否认的。但同时，我认为另外一点重要原因也在于是日本女性自身缺乏追求事业的意识，过分依赖男性。这两种原因就像是鸡与蛋的关系。最开始可能因为社会环境变差，使得女性更多地进入家庭而不是社会，然后随着女性进入家庭这件事理所当然之后，她们就不再做进入社会的准备，缺乏自己独立生活的觉悟。这就加剧了社会对于女性员工的不公平待遇。

日本女性并不笨，只是社会环境使得她们觉得"聪明""有学识"没什么用，也不会去追求学业事业。甚至一些女性，包括艺人会以"我脑子不好"作为自豪和卖点，在节目中屡秀下限。比如宣称"我连自己名字的汉字都不会写”，来满足男性的自尊心。这样的做法虽然不能够擅自衡量其好坏，但很多本可以活得更有价值的女性放弃磨炼自己的闪光点未免太过可惜。

反观中国，企业中工作环境对于女性的照顾和平等待遇甚至很多时候还比日本差。但很多年轻的中国女性从小就有着和男性同台竞技的好强心，长大以后也会勇于追求事业和生活的梦想。

“日本女性心机深？”——女性之间过于复杂的人际关系和鸡毛蒜皮。

在日剧中我们经常看到一些日本妈妈，因为自己的孩子在学校的话剧里没有扮演主角就去责难班主任老师，或者因为鸡毛蒜皮的事情排挤邻里其他主妇。让人总会诧异“这点破事有什么好在意的？”看起来不可思议，可电视剧就是赤裸裸地反映了现实，这些都是真实存在的。在谷歌日本里搜索“妈妈圈（ママ友）”，可以看到各种各样的体验谈，让人觉得现实比日剧还要恐怖。

比如开车送孩子上学，被同班骑自行车送孩子的妈妈看到，就会因为“凭什么你这么轻松，你知道我有多辛苦吗”而怨恨。拜托，人家的车也是自己辛苦挣钱买的好吗？可是如果你因此而不理这位妈妈，她可能就会联合其他妈妈说你的坏话，集体无视你。即使你觉得“切，这种人的无视我不在意！”她们也有更厉害的法子整治你，就是让他们的小孩联合起来欺负你家的孩子。

那我不“炫富”了，“装穷”总可以了吧？很遗憾，这也不行。显得处处不如她们的人，又会遭到她们的鄙视，进而排挤。你只有言行举止、吃穿住行看起来都和她们一样，并且自己的老公也和她们的老公条件差不多，才能很好地融入“妈妈圈”里，避免麻烦的事情发生。

也因为如此，不少在日本育儿的中国妈妈会担心因为自己的国籍而导致孩子被孤立欺负。不过相信我，她们绝对不是冲着中国来的，连开车不一样，孩子便当不一样这样的事情都成为“你和我不同”的排挤理由，更何况国籍！

这也许并不能怪日本女人太“心机”。由于退出社会进入家庭，使得很多成为主妇的女性接触的人际圈子和视野变得极其狭窄。有时候孩子幼儿园的妈妈圈对她们来说就是整个世界。同时，很多东西她们并不能从丈夫那里得到满足，于是便会病态地在妈妈圈里寻求认同和爱，每天考虑和在意的事情也逐渐变成“其他妈妈吃穿用度”“其他妈妈给孩子的吃穿用度”“其他妈妈是否符合自己的举止标准”这些事情。

为了目标奋斗，每天过得很充实忙碌的人，谁会去在意这些事情？

“日本女性太轻浮？”——讨好别人有时也是一种病。

日本有一句流行语“男要大度　女要爱娇”。在他们看来，会撒娇的女性最受欢迎。而机灵的日本女性也非常会撒娇。比起用生气，逼迫，否定来让对方同意自己，她们更擅长用撒娇的语气和亲昵的态度让对方产生好感从而“说服”之。

都说中国台湾的女生讲话“嗲”，可是和日本女性比起来，她们真的只能算“温柔”。日本女性不仅语气和说话方式最大限度避免伤害他人，而且无论年龄多大都能保持少女撒娇模样。这样的女性，当恋人老婆对男性来说的确受用，可这可会造成一些问题。

首先，很多日本人发现，日本女性到了海外，特别容易成为被“泡”的对象，在老外中的风评也是不谨慎、不自爱。这个评价其实还挺冤枉，因为她们在撒娇的时候其实并没有想太多，也没有其他目的。只是“希望对方对自己有好印象”而已。过分地讨好别人，过分称赞他人，不会说“不”，不会直截了当拒绝本是出于好意，却让人误会成“轻浮”。

在网络上，也常常有困惑的中国男生会问：“这个日本妹子对我很礼貌热情，也一直说想和我出去玩，为什么还总是约不到？”很多时候可能她心里并无兴趣，只是出于习惯对他人一贯的温柔热情，不懂得发出让对方远离的信号，结果是害了别人也害了自己。

另外，如果你是和日本女性一起工作，很多时候就会觉得有点抓狂——她们说话实在太爱拐弯抹角，以至于对话长达五分钟你却还没猜出其目的和意见到底是什么，真想大喊“你想做啥直接表达就好了！”尤其我们外国人本来就不习惯过于委婉的沟通方式，日本人的委婉和中国人的委婉又往往不在一个点上，所以就让人格外心累。相对来说，日本男性以及“爱娇”较少的女性表达方式更直接一些，也比较好沟通。

最后要补充的一点是，我们虽然在本文中谈到了日本女性的诸多问题，这些其实仅仅是普遍存在于她们之中的一些倾向，并不代表所有人都一定这样。在日本，也有很多积极追求事业，活跃在社会之上，或者进入家庭后仍旧孜孜不倦追求自己梦想的伟大女性。希望大家读过本文之后仅做思考，而不是给她们硬生生贴上“日本女性就是这样”的标签。也希望我们今后能看到更多的日本女性温柔以外，帅气优秀的一面。

8. 想不开，可别动不动就跳电车啊

对于日本的上班族们来说，最倒霉的事情莫过于正赶上上班高峰，车走到一半却突然停下，车站里广播“因人身事故，列车紧急停止”了吧。这一停，少则 20 分钟，多则一个小时，闷热拥挤的电车里，很多人心里都要默默地骂上两句。同时，各个站台的电子展示板上也会显示某某线由于人身事故暂停或推迟运行。

这个“人身事故”，到底是什么意思？它具体是指：纯事故性的，并非出于列车轨道故障或者其他有意人为的死伤事件。

比如由于过于拥挤造成有人跌下站台而恰好列车此时开来等——这样的事情发生的概率并不高。其实“人身事故”中，超过 60% 的原因都是自杀。刚进站的列车是非常快的，而日本的大多数路面电车站台又是开放的，谁也无法预想到自杀者一跳，一撞，然后就什么也不用管了，让可怜的列车员和家属来收拾后事。

据 2012 年的统计，日本的自杀率在全世界排名第十位。这在发达国家中几乎是首屈一指。为什么生活便利舒适，国民贫富差距非常小的日本，自杀率竟然如此之高呢？

其实自杀问题在日本也被视作社会问题，并且有很多学者进行过研究，我也曾经看过一些。虽然这些研究给出的数据都是真实可信的，但一般只是说“大多数自杀者都受到抑郁症的困扰”“经济的波动造成的生活困难也是主因”。可纵观世界，经济条件生活条件远不如日本好，贫富差距比日本大，生存压力远远高于日本的国家真的是一抓一大把！为什么明明在这种像游戏简单模式一样的生活中，日本人还如此脆弱呢？

大部分学者研究的只是“自杀的原因”，并没有去考虑“相同情况下为什么日本人容易自杀”的原因。但是其他国家的人在研究日本文化的时候，有提出种种假说。下面是三个比较有代表性和我觉得有说服力的。

没事儿乱找压力

有时候真的会觉得日本人的压力都是自己没事找事，存心作出来的。比如典型的压力代表有两件事，第一，日本平均工作时间太长。

第二，人际关系矫情。

日本工作时间长，真的是因为刻苦努力吗？这么想你就太天真了。日本超长时间的工作，很多时候是因为公司落后的评价制度。很少有企业能贯彻实力主义和基于明确数字的考评。如果一个年年考评都拿第一的人，成果摆在大家面前的人每天下午五点下班，依然会有人有怨言，但是既然没办法去鉴别谁业务强，就只好从表面现象——“我每天都加班到很晚”来表现喽。

雪上加霜的是日本严重的“从众心理”。简单来说，就是我什么都要和别人一样，也希望别人不要没事搞特殊，最好什么都跟大家一样。所以小学生会欺负书包颜色和大家不一样的孩子，白领会看到别人加班自己也跟着干坐着加班，还要时时注意他人的行为言语，保持自己不要当了出头鸟被枪打。甚至有日本朋友跟我说过，女生们出去修学旅行，一起吃学校安排的晚餐都要保持同样的速度，如果谁也不首先开始吃甜点，那所有人就都把甜点剩下。——你们这样真的不累吗？

事实证明，谁这么做都会累的。想必大部分日本人也是不情愿，只是怕被排挤讨厌才要从众的吧。所以我们会惊异地发现，在这样一个国民富裕基础设施成熟发达的社会里，大家都在加着不愿加的班，勉强花费精力去和他人保持一致，搞得人人压力都很大。

压力来了不发泄，太爱钻牛角尖

如果说生活压力的话，其他国家的大城市也并不小只是懂得调节。而是日本人面对压力，却不选择发泄。

他们的文化环境要求人们忍耐，自立。从小孩很小的时候父母就会经常要求他们学会忍耐不要给别人添麻烦。自然他们也不习惯有事求人。甚至社会还软胁迫人们做出精神百倍的样子，要求他们仍然保持彬彬有礼。

中国人面对压力的时候，会把它发泄到社会或者环境身上——比如说大妈骂街，网络喷子什么的。这种行为在我们乍一看来好像是没素质，也的确给别人造成不快，但是对于个体的心理平衡来说其实起到了很大的作用。可很多日本人不选择这样做，或者说在他们的答案里根本不存在这一选项。最终所有压力都积累到自己心里。

在东京待久了的中国人，几乎都会强烈感受到日本式的孤独感和封闭感。但是我们中国人有法子解决——找中国人朋友一起去吃顿麻辣火锅，爽！中国馆子里大声喧哗也不会影响别人，爽！和中国同胞说话不用瞻前顾后遮遮掩掩，爽！这么着，简单地就把压力发泄出去了。

觉得自杀不算个事儿

压力日渐沉积，就容易得病，就容易失落。而日本人对于生命和自杀的态度可能在他们跳下站台的时候推了最后一把。

中国人有句老话“好死不如赖活着”。这话在日本人的价值观里完全相反——他们笃信“赖活不如好死”。在欧美的基督教信仰中，自杀是极重的罪过，在中国的传统思想里，自杀是对父母的大不敬。而日本崇尚的武士道精神则是视自杀为美，为荣耀。甚至觉得“自杀如果以适当的方式进行，便可洗刷一个人的污名，保全死后别人对他的好评。”（这段话选自《菊与刀》）在太宰治和渡边淳一、村上春树的文学作品里也多有描写自杀以及憧憬自杀的角色，甚至很多文豪自己就是自杀的实践者。而这些自杀的人，被后世描写为如樱花一般，开放时绚烂，在最美的时候从枝头掉落，而拒绝选择慢慢枯萎。

在现代社会，这种价值观对于自杀的推动并不算巨大，但无疑会或多或少地影响着最终选择的倾向。

同时也需要告诉大家的是，日本的自杀率整体还是和社会经济情况有着最密切的联系。战后最严重的时期是20世纪90年代后半期至21世纪前几年。从各种统计数据以及死者的遗言来看，的确是和经济有着非常大的联系。特别是受到影响最大的中高年男性，由于一旦失业很难东山再起，在这一时期自杀者数量剧增。

与此同时，社会各界也在积极地想办法在自杀者采取行动之前挽救他们。降低自杀率的政策，也主要是围绕上面讲的几点推行的。比如制定严格的劳动法尽力避免工作时间过长，提供亲人朋友之外可以倾诉的场所和专业人士，以及在一些"著名自杀点"设置提醒。如果你去富士山旅游，会发现入口处有这样一块牌子：

"你的生命是父母给予的珍贵之物。请再想想你的双亲，兄弟姐妹和孩子，不要一个人烦恼，请先向其他人求助。"下面还提供了防止自杀的倾诉热线电话。

这样的对策还是收到了一定的成效。从2010年起，每年的自杀人数都在减少。至2015年，年自杀人数已经比2003年减少了一万人左右，相当于减少了三分之一的自杀人数。

有人说，自杀往往不是因为某一个单独的事件，而是很多因素叠加在一起同时逼迫一个人的结果。也许减少一个因素，就能拯救一个人的生命。让更多人能够更好地、最大价值地享受生命，才是更好的世界吧。

JAPAN
NON-PRETENTIOUS
GUIDE

第五章

不可不知的日本文化

1. 对着别人屁股鞠躬的日本人

鞠躬

从很久以前，不少中国人对日本人的印象就是“不停地点头哈腰”。走在海外，分辨中国人和日本人的主要方式也非常简单，喜欢屡屡点头和鞠躬的几乎一定是日本人，这些都不新鲜了。可是你见过日本人对着别人背后鞠躬吗？对方根本看不到，为什么要鞠躬？其实这里面文化可深了。

“鞠躬”，用日语写作“お辞儀”。它的用途有三种：

（1）打招呼，告别等表示敬意

（2）表示谢意

（3）表示歉意

这个动作，可不是随随便便一鞠就了事的。在什么场合下，对什么人，鞠怎样的躬，甚至多少角度，眼睛看的位置，都有讲究。几乎所有公司的培训资料、教授面试与就职的材料都会详细讲解鞠躬的礼数。

以下是一个解说各种类鞠躬的例子：

日语名称	身体倾斜角度	时间	视线落点	适用场合
会释	15 度	1 秒	对方肩膀处	同事朋友间问候
普通礼	30 度	2 秒	前方 1.5 米的地板	送迎客人
最敬礼	45 度	3 秒	前方 1 米的地板	道歉或诉苦

每次看到这种解说，我都不由自主的脑中浮现日本人手持量角器和秒表练习鞠躬的情景——这也太麻烦了吧！你还真别不信，商务场合中各种角度鞠躬的用法还真分得清清楚楚。鞠躬角度越大越郑重。鞠躬所停留的时间也越长。一般分以下几种：

鞠躬 15 度（颔首行礼）

颔首行礼快速，粗糙。路上碰到认识的人，尤其是长辈前辈，都要行 15 度礼。身体微微前倾即可。遇到同辈的熟人，一般也要点个头行礼，以示礼貌。迎接客人也可以用这个 15 度鞠躬。

鞠躬 30 度（普通敬礼）

服务员、店员用得最多的行礼。上身要倾斜 30 度，比颔首行礼敬意要多。

鞠躬 45 度（最高规格敬礼）

在商务场合会频繁使用。尤其是道歉、郑重感谢，以及送客（带着感谢的含义）的时候。

在一些重大道歉以及感谢的场合，甚至可以鞠到 90 度。鞠躬越深，歉意和感谢越重。

另外由于日本人习惯跪坐，所以跪坐的时候弯曲上身（在中国人看来是表示屈服的“磕头”）也是作为理解的鞠躬的一种。也就是说日本人对于磕头这个动作其实并没有我们那么大的抵抗感。很多时候去

饭店吃饭，店员在榻榻米上端碗盘或者听客人讲话的时候就是跪着的，甚至在公司里有些人为了和旁边坐着的同事说话又没有椅子，也会跪着。真的是好吓人，动不动就下跪，一个不小心就磕头！

而我们前文提到的“背后鞠躬”，大多数是在目送对方离开时表示谢意的。这在公司和商务场合是最基本的礼数。一般为 45 度甚至更深的鞠躬，并且一定要等到对方离开自己的视线之后才能恢复。如果对方不巧乘坐扶梯，鞠躬一方就会一直保持姿势等待，直到客人消失在天际……

另外，这个礼节是基本无视对方身份尊贵与否的，或者可以说只要是对“不属于我们公司的外人”，都必须做，代表着一个公司的教养和礼仪。对，不是“因为我们公司很牛，所以什么都不做别人也会仰视我们”，而是“正因为我们是强大而规范的公司，所以才更要重视对他人礼节的每一个细节”的思考方式。即使是一个学生到该公司面试，他离开时，人事或者负责面试的人（即使是经理级别）都会送到电梯口或者公司口，并且鞠躬 45 度角直到电梯门关闭。

那么，我们到日本旅游、学习、工作时是否也需要学会鞠躬呢？

我觉得，在游客以及留学生的情况下，不必拘泥于鞠躬这种方式。说到底，它只是表达自己心情的一种礼数。如果你能正确地传达自己的感谢或者道歉之心，那么通过握手，语言，其他动作也能达到同样的效果。当然，如果你希望减少误解的可能性，学习对方文化中的礼数来表达自己也不失是一种沟通捷径。

而对于在日本公司里工作的外国人来说，因为他们的行为举止代表的不再是自己个人，而是整个公司，并且是受公司雇用做事，所以学习该环境的商业礼仪还是有必要的。不过，最切忌的就是光学了形式，或者去斤斤计较形式如何，而忘记了其本质是传达心意——其实它和我们中国人的抱拳，和欧美人的拥抱、吻礼没有太大的区别。总之，“诚意”才是沟通之本啊！

2. 冬天光大腿，日本妹为何如此“抗冻”？

日本有两个怪现象：冬天光大腿，夏天戴毛线帽。

每到寒冬腊月，日本的潮湿阴冷其实并不亚于我国的江南一带，非常“冻人”。在中国，我们有妈妈奶奶再三叮嘱套上秋裤保暖。可是走到日本大街上一看，居然不少女孩子在雪里光着腿走路，堪称奇景！想到这里，我不禁又裹紧了从祖国东北买来的大羽绒服。

在日语里，这种裸腿的穿法叫作“生腿”。为什么她们冬天也光腿？不怕得关节炎吗？关于这一原因，还真有不少“坊间传说”。最离谱的一种就是“为了从小锻炼孩子的意志力特地让他们忍受严寒”之说，此故事屡屡用来教育我们居安思危，有点让人匪夷所思。日本人的妈也是亲妈啊！哪有亲妈不疼孩子而故意让孩子受冻的？

不过，日本小学生倒真是冬天也穿短裤短裙，多穿着和夏天差不多的衣服到处跑，连戴围巾帽子的孩子都很少见。其主要原因是：学校没发配长裤的制服。不少日本家长对此也确实挺疑惑，但是看孩子穿短裤也并不冷，就放心了。在日本，民间也有和我们“膝盖受冻将来要得关节炎”类似的说法，只不过正相反，他们觉得“人越年轻身体越热不觉得冷”。所以也就不会给小孩子准备太厚实的衣物了。

这样的小孩子长到初中高中以后，也习惯了冬天光腿，这是日本妹穿的少的第一个原因——从小就习惯了冬天穿得少。但每个人体质都不一样，不可能大家都不怕冷。在日本偏北的一些地区即使是初中高中生也会经常裹紧围巾嚷嚷“好冷”的。那为什么觉得冷还不多穿点呢?

这与日本的学校环境也有一定的关系。首先学校严格要求学生上学必须穿制服，这就代表她们不可能将裙子换成裤子或者其他样式的衣服。其次，因为周围的同学都是光腿或者顶多穿个短袜，只有自己在裙子下面穿厚毛袜或者全腿丝袜的话会显得格格不入，招人嘲笑。所以即使学校制服配丝袜并不难看，出于从众心理也很少有人会穿。甚至还有女学生骑车上学的路上在裙子下面穿上运动裤（类似我们的校服裤子），到了学校附近再去公园厕所换下来。可见大家对“与别人相同”看得是多么重了。

随着年龄的增长，这些女孩子在大学毕业进入公司后也会逐渐注意保暖，大冬天光腿的情况就少很多了。上图是 2015 年 1 月我在东京站拍的照片。当天气温四摄氏度左右，可以看到大部分还是丝袜。当天去上班的路上我注意了一下，一共只看到两个有露出腿的妹子，而且难以分辨是否穿了肉色丝袜。

但是时尚习惯使得她们冬天还是大多选择裙子丝袜的搭配。显然对于东京人来说，时尚比保暖重要。而日本搭衣的大原则之一就是有心机的露肌。

什么叫作有心机的露肌呢？穿个低胸，大面积暴露这种低俗的做法显然是时尚的东京女子不屑的。所谓心机，讲究的是优雅地显露自己的身材，比如说在大冬天大家都长衣长裤穿得很厚实但是你把裤脚卷起来露出细细的脚脖子，把袖子卷一下露出纤细的手腕，一下子就能显露出覆盖在下面的身材。

显然，在厚重的大衣下面，一双着丝袜的纤细的腿是非常有女人味的，至少日本人是这么认为的。扪心自问，大衣下面的厚牛仔裤与大衣下面精致的裙装加半透明丝袜，你会被哪个吸引？这种魅力是导致日本女性在年龄增长开始怕冷之后也忍受严寒的主要原因。

当然了，实现这种时尚的硬环境也是必不可少的。在零摄氏度穿丝袜那叫美丽冻人，在零下二十摄氏度还穿丝袜那就叫大脑进水了。日本大部分地区，尤其是东京地区的温度冬天在零点上下，尚可以允许这种时尚的流行。另外东京的电车、站内、商店、公司的暖气都开的非常足，而且车站密度高。所以人们直接行走在外面的时间很少，也就上下班那么十几分钟，还是从温暖的室内出来尚有余热。再加上室外电车的间隔短，等待时间不长。如果每天需要等二十分钟电车我肯定不会穿裙子丝袜，但是五分钟，还是可以忍的。

再就是女孩的小心机——各种道具的使用了。可以偷偷贴在大衣鞋子里面的暖宝宝相信大家都很熟悉了，还有近年非常火的自发热材料，居然可以做成带点透明的形式，与普通丝袜完全无法分辨。通常来说，大家保暖的方案有以下几种：

（1）丝袜。丝袜虽然薄但是比较保暖，尤其是用发热材料织成的丝袜，很薄却很暖。当然啦，大冬天只穿一层丝袜的女孩，抗寒能力依然属于非常高的。

（2）厚质丝袜，或者厚质丝袜加上护腿。有一些丝袜会在里面做上一层棉质保暖层。虽然穿上以后腿稍微粗了一圈，但也暖和多了。怕冷的话可以在靠近脚部的地方搭配毛线护腿。既然要秀腿，那么脚部可以臃肿些，还能对比腿的细。

（3）战斗力再弱一点的，羊毛过膝毛袜是个好选择。这也算是一部分光腿对不对！还有很多人钟爱的"绝对领域"哦！缺点就是，走着路总会往下掉。这时候可以购买长筒袜专用的胶水"粘"到腿上。你绝对不会想象到女孩子们的小道具有多全。

看到这里，你是不是对冬天光腿和穿丝袜的小玄机更了解了呢？相对来说，遵循着咱们中国老祖宗的宝贵经验，我更推荐后者。我们完全可以充分利用现代科技和产品，让自己不用硬抗寒冷，既暖和又漂亮哦。

3. 日本“网红”什么样？

近几年，随着各种网络新媒体的日渐发达，“网红”“女神”“直播”开始成为人们生活中耳熟能详的词汇，一波波的投资让对网络文化并无太多兴趣的人也开始注意其商业价值。更有不少网红通过自身的名气开始半只脚踏入演艺界。有趣的是，即使日本的艺人和偶像从几十年以前就在中国受到持续的关注，也吸引了不少忠实粉丝不惜投入大量的时间和金钱支持，在“网络红人”开始成为一股新兴吸粉势力的今天，我们却似乎很少听说日本有什么网红。

那日本到底有没有网红？为什么我们很少听说他们呢？在下文里，我就给大家介绍一下日本的网红文化以及和中国的不同之处吧。

日本网红的活动范围：主要是 Youtube 和 Instagram

在日本，“Youtuber”（Youtube 上的动画制作者）几乎已经成为“网红”的代名词。也是网红中最热的一种形式。这和 Youtube 视频平台对 Youtuber 们的宣传是分不开的。

2016 年开始，涩谷和六本木车站几乎是同时出现了多幅巨大电子屏广告和海报。在电子屏上，各种 Youtuber 制作的有趣动画片段循环播放，海报里则是他们的签名，粉丝数和巨大照片。广告里还带有一句宣传语："以做自己喜欢的事情为生。"鼓励更多的人来 Youtube 上传动画，以做全职的 Youtuber 为目标。

在年轻人出没最频繁，人流量最大的车站这样铺天盖地地宣传，自然会引起不小的社会关注，也让 Youtuber 从小众爱好，逐渐开始成为人们口中的新职业。和日本偶像以及中国的"网红"一样，这个职业虽然门槛低，竞争激烈，可一旦红起来，那收入是远远超越一般人的水平的。有人推测日本最受欢迎的几位 Youtuber 年收入达到 1 亿日元（约合 650 万元人民币）以上，其中大部分为年轻人。有些机构甚至还推出了"Youtuber 培训课程"，也想借着潮流从跟风者那里赚一把。

除去 Youtube 之外，Instagram（一款图片上传与分享应用平台）上面的时尚美妆摄影达人或许更接近"网红"在中国的形态。即便其

社会关注度远远没有 Youtube 高，不少博主也通过长期辛勤耕耘积攒了一定的粉丝数。只是和微博相同，Instagram 上面的“网红”所受到的关注远远比不上原本就有名气的艺人。

不拼颜值拼创意

有趣的是，日本的 Youtuber 几乎都是男人，唯一有点名气的女生还是以“吃得多”著名。这一点大概是日本网红界与中国网红界最大的不同：靠颜值的，不是猫就是狗……

按理说，无论国籍如何，人们追求关注美丽的心思应该都是一样的，所以为什么日本“网红”界很少有爆照红起来的美女也是个不解之谜。也许和日本发达的偶像经济有一定的关系。与明星不同，“网红”界的爆照美女大多得走亲民路线，而这个路线与 AKB48 等新兴偶像团体高度重合，更何况人家偶像能唱能跳，背后还有庞大的经纪公司一整个成熟产业链支撑，人数也多到足够满足各种粉丝。

换句话说，在日本当“网红”，因为好看帅气就爆照圈粉比较难，必须要有实力。比如游戏打得好，视频有创意，或者有一两项常人没有的技能。比如颇有代表性的 Youtuber“Hajime 社长”，动画主题就是——作死实验。你别笑，他做的那些事一般人还真不敢。比如用鼻子喝可乐，把 300 种饮料混合起来喝掉，同时点燃 1000 根火柴，在家里点燃 200 升氢气等。通过把在日常生活中想不到更做不到的事情拍成动画，满足了大家的猎奇心理。现在 Hajime 在 Youtube 上已经有超过百万名粉丝，推测仅广告收入就超过 1.5 亿日元。

除了“作死派”，还有“才华派”。比如 Max Murai，这位大叔原本是正儿八经的公司部长，因为制作了一系列日本火爆手游的游戏视频而红。再比如年轻小哥组合“Egu-splosion”，擅长把历史融入奇怪夸张的舞蹈里，让人在爆笑里学到知识，制作和创意水平都非常高。

完美融入线下产业结构

日本的线上产业链不够发达，所以会有很多线上资源的变现和操作最终落地至线下资源的有趣现象。不少高产 Youtube“网红”都从属于网红经纪公司 UUUM，由公司指导，投资和培养进行动画的制作和传播。而他们的变现方式除了 Youtube 提供的广告平台之外，也会进行一些品牌植入来创收。

另外值得一提的就是 Twitter 和 Instagram 上面活跃的一些个人漫画家和“萌宠网红”账号。有一些漫画家以四格或者可爱的小卡通角色的“轻漫画”获得不少人气。萌宠账号则是打造宠物明星，有不少在中国的网络也红遍了半边天，比如头顶任何物体的猫叔，萌犬俊介，表情包“doge”等。这样的账号创收的主要方式则是出写真集，漫画和相关产品。像俊介这样的宠物网红界第一狗也会在一些广告中出境。

总体来说，“网红”这个职业在日本还处于萌芽期，以及刚刚成为社会话题的阶段，并且主要受众仍旧是年轻人。这也和日本很少有一种网络媒介能够广泛地影响到全体民众有关。大家基本都是“各玩各的”，重视现实生活的人更多，网络服务不像中国发达，民众对于网络也持有一定的保守态度。另外，“网红”文化发展缓慢，和日本人不愿意抛头露面，不愿太过于表现自己做“出头椽子”的文化也有直接关系。在日本谷歌搜索 Youtuber，甚至会出现“如何让自己不露脸的情况下当上 Youtuber”的文章。综上种种，日本在网络红人这一新兴领域很有可能走上一条和中国的“网红”不同的发展模式，并且要依靠敢于表现自己的少部分年轻人去打开这个市场。这也许会对中国带来非常大的参考价值和积极的影响。让我们拭目以待吧！

4. 男女大学生为啥齐齐昏睡新宿街头

2014 年 6 月的一个晚上，新宿 Koma 剧场前出现了让人匪夷所思的一幕——数名年轻男女大学生倒在广场上不省人事，只有少数清醒的同伴在努力“收集”昏睡的同学，并摆成整齐的一排。这场景让接到通报赶来的警察都哭笑不得。后来这些大学生昏睡和收集同伴的姿态被路过行人拍下来，并且放到网络上恶搞 PS 成各种场景，甚至还被海外媒体报道。一时间也是红遍了日本南北。

事后，他们所在的大学发布了此次事件的调查结果，事情才真相大白，原来这些年轻人只是喝到烂醉而已。可他们中间有许多人都不到 20 岁，按照日本法律规定，20 岁以下属于未成年人，是不许喝酒的。这些大学生也因此受到了处分。

如果你在日本居住时间较长，经常坐晚上最后一班车回家的话，会有很大概率遇到同样喝得烂醉的上班族大叔。他们往往不省人事，丑态百出，或是跪在地上只把脸放在电车座位上流口水，或是干脆平躺在地面上呼呼大睡，一副地球毁灭、火山爆发也叫不醒的状态。这可就苦了列车员，他们必须在电车到站后耐心客气的一遍又一遍地叫醒这些烂醉的人，小心扶着他们下车，还要避免对方吐自己一身，连带着偶尔叫个救护车、警车来查看情况。

天啊！日本人真的这么嗜酒吗？他们也会劝对方喝到烂醉吗？

的确，我们在不少影视作品里经常看到日本人开宴会，或者是坐在酒吧以及路边摊默默地呷着清酒——毫无疑问，每个地方都有自己当地清酒烧酒的日本，人们是喜欢喝酒的。但在日本，那些喝酒的人与其说是被劝酒，倒不如说是自己主动喝醉的占了大多数。

干杯＝喝一口

如果你和日本人出去吃饭，所有人的酒上来之前，可千万别心急偷喝哦。在日本的宴会文化和酒桌文化中有这样一条不成文的规矩：第一口酒是要大家共同干杯，一起喝下的。

干杯的样子和我们中国人基本一样，大家举起酒杯碰撞，嘴里说着“干杯！”（日语发音也类似，大概为“干拍”）但是你可别太实在了，说了干杯就喝个见底！其实日本的这个干杯并非真正的喝干，而

是开始喝的意思。所以无论你是喝一口还是半杯还是全喝光，都是个人的自由。大部分时候，象征性喝一口的人情况居多。

很少劝酒

通常来说，当代的日本的酒桌文化不太提倡劝酒。主要是因为曾经因为日本人在基因上就太不能喝了，以前因为盲目劝酒灌酒出过死伤事故，所以全社会开始提倡健康饮酒，并严管乱劝酒的行为。现在如果像文章开头那样因为聚会导致大家喝到烂醉甚至死亡，那无论对学校还是公司都将产生巨大的声誉影响。

所以如果你不太能喝酒或者身体原因不宜饮酒也完全没关系，勇敢点可乐或者姜汁汽水吧！女生也不必勉强陪着点酒。正常情况下周围的人都会对此宽容，更不会生气的。也有一些场合，人们为了表示礼貌会慢慢地陪喝一杯生啤，之后就按照自己的喜好点软饮或者其他酒类了。

不过，事情总有例外。在不少学生群里，大家年轻气盛，也喜欢用拼酒来比试。在一些公司里，也会出现因为上司喜欢而故意喝醉出洋相的人。还有一些比较传统保守的体育团体和场合，可能会出现一些劝酒的情况。不过请放心，在如今的日本社会，这种“硬劝别人喝酒”的人也会被认为“太不成熟，像个学生”或者“以自我为中心”，不必太勉强去配合。

倒酒文化

即使可以逃过劝酒，但有一样是躲不掉的！那就是倒酒。

日本的酒桌文化中，倒酒这个动作是极好的展现上下关系的媒介。当然了，通常都是小辈给长辈，后辈给前辈，下属给上司倒酒。如果你坐在比自己等级高或者年长者旁边，就一定要时时留心对方杯里的

酒量。大概喝到还剩两三大口（差不多是杯子的六分之一）的时候就可以动手了。如果对方在喝瓶装的啤酒，可以及时倒满。倒酒的时候还有讲究，一定要双手，一手托瓶底，一手稳住瓶嘴恭敬地倒，更讲究的还要把啤酒瓶标签朝上才可以。如果对方是直接点的大杯酒，则可以递上菜单或者直接询问是否需要点下一杯。后辈为前辈和上司倒酒时机是否合适，是否及时，在大部分日企里都是很受重视的。

当然如果一起参加宴会的都是同龄人或者要好的朋友，就不用这么拘礼了。不过还是建议出于体贴，记得在朋友的酒快喝完的时候问他要不要点新的或者给倒上。在日本，自己给自己倒酒会被认为是非常“寂寞冷清”的表现。他们觉得一起吃饭的人有义务不让彼此做这种行为。

N 次会

大家还比较熟悉的另一个日本饮酒文化，大概就是二次会，三次会和持续不断的 N 次会了吧。其实会出现 N 次会的主要原因是日本的餐馆太不方便了！中国的餐馆一般不会限制时间，即使吃完大家也可以慢慢地坐着聊天说事情，但日本几乎所有餐馆只允许一组客人待一个半小时到两个小时。时间到了便会赶人，大家只好找下一家去喝了。所以这个 N 次会也没什么炫酷，直白地说就是被餐馆赶出来的结果。

也因为如此，其实二次会、三次会的地点并没有什么固定的习惯，或者说每一组宴会者可能都有自己的习惯。有可能是再找一家点几个小菜以继续喝酒为主，也有可能是卡拉 OK，陪酒俱乐部等娱乐活动。在商务场合中，二次会、三次会以后去风俗店（色情服务行业）的情况并不少见，所以二次会通常也是女性脱离组织借口回家的好机会。毕竟比起喝酒，妹子们宁愿回家睡美容觉呀！当然啦，在一般的公司里，大家一起喝酒聊天到天亮也是很常见的事情。喝酒也常常被上班族们当作是和同事以及上司拉近距离的好机会，收集信息的好场所。适当参加，对自己的仕途还是有着不小的作用哦！

总而言之，虽然每个国家的饮酒文化在细节上多有不同，可年轻人聚到一起就没那么多条条框框，一个字，喝！来自不同文化的年轻朋友边喝酒边谈天说地，那是相当容易，而且日本也和大部分国家一样，有着丰富的喝酒游戏，让场面更热闹。我就曾经参加过一次中国大陆、中国台湾、日本、韩国的小型聚会，喝的是够爽，结果也够惨，最后要照顾一群喝到不省人事，偶尔还携带“生化武器”的朋友（为啥要照顾？因为中国东北妹子的酒量大家万万想不到呀）。所以说喝酒虽然开心，但还是要适量！适量才能最好的享受，可别没事就开“鱼市场”哦。

5. 日本人“读空气”读的是什么？

不少人在最初接触日本人的时候，都会非常惊讶于对方的好脾气和温柔，有些朋友还跟我说“感觉和日本人说话很舒服，不会有太强的自我主张或者反对和争论”。对这些感受，我想说的是，不要被表象蒙蔽了，毕竟“读空气”在日本是个最基本的生存技能呀！

“读空气”这些年也多少通过一些二次元和影视作品被我国的年轻人所知。它的普遍定义就是：察觉在对话中其他人没有表达出来的意见和情绪，并顺着这种形势去说合适的话，做合适的行为。它有点类似于我们中国人说的“眼力架儿”，也就是察言观色，见机行事，但又有些不太一样——日本人的读空气，读的是周围大多数人，而不是特定的人。或者说，在日本，一个“场所的空气”通常是由大多数人决定，而较少由某个特定的领导者决定。而人们又会对不会读空气的言语行为特别敏感，于是便有了“KY”（不会读空气）这样的贬义词。这种文化的出现也使日本人更加对自己的发言行为小心翼翼，进入了一个无法破解的循环。

看到这里，你也许会困惑，“合群”“说合适的话”“高情商”不是在任何社会里都被认为是成功的条件吗？这一点上日本的读空气和其他国家到底有什么不一样呢？

其实，读空气之所以会被很多人追捧同时又被很多人诟病，就是因为它的定义和程度极难把握。事实上，可能很多日本人都把“读空气”简单粗暴地解读为“和别人一样”“无条件顺从他人的想法”。

在日本的问答网站上，有一个问题“请举出一些不会读空气的例子”，下面有许多回答。那么就让我们看看，他们到底希望别人读空气读到什么程度？

• 一起出去吃饭的时候，谁都没说话大家默默地想去吃烤肉的时候，有个不会读空气的人说“咱们去吃寿司吧！”

（都没说话那谁能猜出你们是想吃什么？再说人家就是提个意见说一下自己想吃的东西，也没有强迫谁去，这怎么也算不会读空气呀？）

• 在不适当的时候说笑话，还都很无聊。

（不适当的时候硬说笑话确实有点奇怪，不过笑话太冷居然也成了不会读空气了。）

• 在喝酒的时候明明已经过了最热闹的当儿却还很兴奋的人。

（难道要时刻保持自己的兴奋度都要和他人一致？！这太累了吧？话说就算大家的节奏和情绪高涨程度不一样，也不至于有什么讨厌的呀……）

• 在工作的时候，大家闲聊大笑的时候，说“某某，现在是工作时间！”的人。

（当然了，这样的人会得罪人是没办法的。但工作的时候闲聊大笑的人本身就不对吧，为什么还要怪人家读不懂空气呢？难道只要人多，不论做什么，不管对错都一定要顺着来吗？）

通过这些例子，我想你多少也会有共鸣。这个读空气的小肚鸡肠程度，完全就和我们的“合群”“察言观色”不是一个性质的呀！可以说任何引起他人不快的行为，都可以被套上不会读空气的壳子。相比之下，我们的察言观色对于不同意见的容忍度（比如今天去吃什么）其实非常高。只要不攻击他人，不过分坚持自己的主张或者否定批判他人，大部分情况下我们都可以比较自由地发表各种各样的意见。这也是为什么很多中国人到了日本，最开始还能乐呵地生活下去，一旦需要融入这个文化，往往就会苦不堪言。

读空气，使用得当是会做人，而读的太过了，或者说读成了一个民族文化，可能就有点危险了。这就是日本的“集团思考”，中文翻译过来叫作“集体错觉”。没错，它指的正可能是你在想的意思：每个人都希望自己“合群”，不要“KY”，所以一味地观察着他人的脸色，附和他人的意见。群体中本来值得争议的观点，以及创新观点会被大家吞到肚子里而不是提出来。甚至积极提出不同意见或者新做法的人会被群体排挤。

这听起来可真可怕，真压抑！谁会喜欢这种群体的气氛？事实上，还真有不少人喜欢。因为这种集团思考最具魅力的一点：决策是集体做出的，大家同意的。出了岔子，任何一个人都不必担责。而在现实中，因为错误的决策而惩罚全体成员也往往不现实，在大家“深重检讨”之后，日子还是照样过。

我工作的时候曾经多次和其他日本人一起参加过小组讨论，小组研修等活动，深切地感受到了这种思维习惯对于他们的影响。如果小组里偶尔有个爱发言爱出头的人还好，如果全员都是喜欢读空气的“纯正日本人”，那么连讨论开始都得等个几十秒！而且没人敢说自己的想法，都生怕自己是把想法强加给别人。那种感觉真的好累。而且在这种场合下，往往中国人也非常难以开口。为什么？往往大家会害怕本来就是外国人，有先入为主的印象，自己乱说话更加深这种“强势”的印象。另外也有人对日语没有信心，即使在同胞里领导能力极强，在日语讨论里也磕磕巴巴，不肯说了。

当然，关于读空气这个现象，当事人自己进行的研究最多也最深。自然也有不少有识之士认为读空气这种文化习惯一定程度上扼杀了日本企业的创新和真正有效的交流。不过目前在日本，认为“读空气”具有积极意义的人仍占大多数。人们往往猜想，这种价值观和日本灾害多发的特点有关系。在大自然的肆虐面前，人们只能依靠群体的力量才能存活下去，不合群的创新和个性反而可能会成为害群之马。这样的观念延续到现在，就成了“读空气”的社会文化。

这样根植于民族性中的文化，极难改变，而且又往往是双刃剑，只有使用得当，才会有最好的效果，把其带来的负面影响降到最低。而在万物迅速更新迭代，商业竞争对手层出不穷的今天，真正畅所欲言的会议，有激烈讨论的小组研修才能促进自我更新，才能让企业，社会和国家不被淘汰。且看日本人能不能自己迈过这个坎吧。

6. 日本有哪些糟糕透顶的地方——搞笑版

让我们来盘点一些日本那些让人哭笑不得的，糟透了的事情 TOP3。

爱光屁股

日本大多数公司都有这么一个习俗，叫作“一发艺”。也叫作“艺”，就是才艺表演。很多上司都好这口，而且最喜欢让新人来一发，进行才艺表演。

好啊，你可能想，表演就表演，我唱个歌表演个魔术，我可厉害了。

你以为上司和前辈想看新人展示智慧吗？！他们就想看你光屁股！穿个内裤出洋相！

对了，顺便说一句这里的对象仅限男性。但是有没有很变态！你有没有被震惊到！

日本对于搞笑的审美非常奇怪，绝大多数都是建立在对方做蠢事或者出洋相或者无限贬低自己的基础上的。有时候蠢得毫无科技含量和幽默成分你都看不下去，可他们还是很喜欢。像 Joe Wong 或者美国人那种充满幽默感，需要一定背景文化知识的脱口秀在日本是不会有大众市场的。

刚来日本的时候有一次我去早稻田校园祭，朋友跟我说，这次请了一个很有名的艺人，是以裸上身而出名的。

第一次听说裸上身而出名的艺人，我当时瞬间想象出一位充满硬汉气息的肌肉男艺人，于是一脸憧憬满怀期待地跑去看这个节目，主人公一出场，全场那个掌声雷动啊，欢呼啊！我定睛一看，原来是个穿着黑色紧身裤的半裸秃头大叔。那情景实在太美我不敢看……

你们看日本就是一个很崇尚这种搞笑风格的国家。专业的搞笑艺人这样也就算了，还渗透到大大小小的公司。领导喜欢，下面的人就不得不做，极力模仿这些裸艺人，把自己摔在地板上，出尽洋相。然后当他们爬上去的时候也让下属做同样的事情。关键是整个过程中所有人还都非常认真卖力。

另外在日本的搞笑中，黄色笑话是不可或缺的。这是我一直觉得日本作为一个发达国家，精神文明建设跟不上的地方。总是有一种“封建社会坏风气残余”的感觉。毫不留情地说，它是一个很丑恶的风俗。糟糕透顶。

没有专业精神的欺负人

日本人的欺负人，甚至都不能说是恃强凌弱，因为欺负人的人根本就不强！

有一次，我听朋友讲过一件他经历的小事：

某公司有个前辈，想在众年轻后辈面前好好树树自己的威风。于是某天晚上召集了一些工作第一年的新职员，大大咧咧坐在椅子上把脚往桌上一放就开始训话，一副高高在上的模样。所有人都不敢吱声，老老实实地听着。

训着训着，突然有个后辈实在忍不住了，一摔桌子转身走掉了。

你以为这个前辈会当场拍案而起，联合在场其他后辈训斥这个人，然后从此开始欺压他排挤他的公司生活吗？

真相是，这个前辈当场风中凌乱了……看起来像个委屈的小媳妇一样受到了伤害，用我们的话说就叫熊了。

那其他所谓的欺负人又是怎么样的呢？

（1）趁你不在的时候把你桌上的铅笔弄掉，椅子藏起来，鞋子藏起来。走路的时候故意撞掉你的便当。

（2）我们都不跟你玩，孤立你。

基本上就是上面这两手。

我不禁要问："你们是小学生吗？"

他们这个欺负人的损招就在于，一切都发生于偷偷摸摸之中，去上厕所的顷刻之间。你回来发现被欺负了，但是又不知道是谁干的，也不能当场把全班暴打一顿，只能忍着受着。

我只能说这种欺负中，欺负者就是懦夫，被欺负者更是绵羊。

不要跟我说有人际关系的顾虑啊，怕和同学起矛盾被退学啊，怕怒了更加被孤立啊什么的。那些都是建立在和他人关系还良好的基础上才会担心的。以上欺负人的领头人大概都知道，长期蹲点的话抓到作案者也不是没有可能的。都被欺负得自杀了，命都不要了，为什么就不能奋起把作案者暴揍一顿？《安德的游戏》里，主人公小安德教给我们，对于这些无赖，只要弄倒一个，别人就不敢再动手了。因为他们都是懦夫。

而且如果我们再深究，会发现这个问题在社会的方方面面都有缩影。总结一下就是“怕得罪人顾虑太多而熊了”。

拿学校来说，日本的学校越来越难做了。因为有“怪兽父母”。所谓怪兽父母，就是自己孩子在学校受半点委屈就找到学校抗议，说自己的孩子委屈了我不干，你们不是好学校我要告你们的奇葩父母。

那么所谓孩子在学校受委屈，具体是指什么样的事情呢？

比如说班级演话剧，他们可爱漂亮的孩子不是主角。

那下次合唱团，我让你家孩子当指挥可以了吧？“怪兽父母”又来找了。“为什么其他孩子都面向观众，只有我家孩子背对着观众？太不公平了。”更奇葩的比如幼儿园两个小孩抢玩具，然后自己孩子没抢到，就要求幼儿园停止提供玩具的。

学校也都是软蛋，被家长们一步一步逼的，搞得学校开个运动会

都不敢排名。这也太奇怪了，真正被欺负的孩子家长不声不响，这种奇葩父母的要求却被满足。

更别说老师根本不敢对学生批评、出手。在一些课堂上，学生们甚至可以完全无视老师的存在。《言叶之庭》里面也涉及类似的社会问题，对于这种无理取闹的学生，学校甚至一点作为育人之地的尊严都没有。

学校是一例。其他比如政府的政策，很多公司的商业模式，都是被极少数本该放弃的（根本是无理取闹）情况缚住了手脚，搞得很多对绝大多数人和整个社会都非常有益的事情迟迟不能推行。太注重细节太胆小导致大局全失。

傲娇

日本人无论作为个体还是整体都很傲娇的。

最近，好多朋友狂喷日本人讨厌中国啊，日本人怎么怎么歧视中国人啊，日本媒体怎么怎么黑中国的啊，然后得出日本很糟糕的结论。其实日本人不是糟糕在讨厌中国和中国人，而是他们根本就是傲娇，明明心里很需要中国却还嘴硬好吗？！

中国的公司和政治、经济，日本人其实一直是很关注的。他们嘴上会开着玩笑说："哎呀，你的手机怎么刚买几天就坏了，是不是中国产的呀？"但是不少人同时也会购买中国产的手机，因为便宜又好用。有能耐你们不要买啊！就是这么傲娇。

你们看日本每天的新闻报道，中国人来日本买东西就买马桶圈，好低级啊。其实我在饭店吃饭的时候都会听店主大叔和顾客聊天，说最近旅游者好多啊，尤其是中国顾客特别多，我们没事也得学两句中文啦。

大哥，啥也别说了，这都是缘分啊。

日本经历了战后经济重建，那段时期的经验和成就在他们心中是不可磨灭的骄傲。但是这骄傲也正造就了他们的过分自信。“自己是发达国家，是勤奋的民族，有着高度的严谨和敬业精神，按部就班是可以永远做下去的……”正是这样的想法，会把这个民族逼上死路。一个人的成功经验可能会让他从此止步不前，民族也是。

以前我找工作的时候，学校组织过一个活动，邀请日本几大老牌制造公司的人事部长来给大家介绍自己的企业。人事方面的最高责任人，自然都是在日本社会摸爬滚打几十年的老爷爷级别。

其中一个部长的话给我印象很深：

“我们日本的年功序列制度，是无数前辈经过实践和反复摸索找到的，非常非常优秀的制度。”

不放下这份高傲去适应世界的变化，只能造成日本的衰落。

所以有些人心中的那份纠结的自尊会让他们认为，我就是个高度发达国家啊，中国算什么。他们心目中的中国还是 20 世纪七八十年代的样子呢。（究其原因，主要是因为日本的 KTV 因为版权问题不能用原版 MV，都是自己配的，然后一唱中国的歌就会自动配上七八十年代拍的北京街景）可是就在他们这样思考的时候，他们也意识到自己的社会逐渐失去活力，尤其在新兴产业越来越跟不上先进国家的队伍，而中国早就发展出了可以完胜他们任何一个顶级公司的英特网产业，从世界的装配工厂开始向着输出优秀人才和优秀产品的国家转型，已经要一只脚开始准备迈入发达国家的行列了。惯性思维还无法接受这一点的日本人，又不能否认中国的经济发展的确给他们带来了很多好处，只有变成死傲娇了。

现在凡是大车站的大商铺，都有中国服务员随时准备为中国旅游者服务，甚至还挂上了中文写的介绍和优惠的牌子。在一些地方药妆店的商品摆放是按照中国人的口味和认同的品牌来做的。

明明很需要，却傲娇死嘴硬，简直糟糕透了！

这就是我所看到的日本糟糕之处。总结为日本三宗罪：A. 遗留的变态本性，B. 不肯得罪的懦夫心态，C. 沉迷过往的高傲。你会发现很多被列举出来的日本怪现象，无不产于以上三点的某点或者排列组合。

7. 在日本被搭讪

日本爱搭讪的人很多，只要是个女的估计就被搭讪过。

一般都是在车站附近，晚上的时候，突然会走过来一个人说，小姑娘要不要一起去喝一杯啊？然后一直跟着你跟着你不断劝，苦口婆心。

而我们这些外国人，哪儿见过这个阵式。第一反应都是害怕，“对不起我不去。”偶尔走出十几步回过神来，刚才那人好像其实还挺帅

的，可惜人家已经走掉了……

虽然大多数搭讪者都看起来不是特别正经的人。但其实就是一般的上班族而已。正常人也会搭讪的，我有一个非常正经的，当飞行员的朋友，当年就是通过搭讪认识他老婆的。

第一次在日本被搭讪是来日本不久，在涩谷等人的时候。去过的朋友都知道忠犬八公那里人特别多，我就坐那里等。等着等着，旁边一个印度大叔突然开始跟我说话，说你也等人吗。那时候我刚来日本，很傻很天真，尤其对国际友人都很友好，就开始和大叔聊，大叔说我在附近的印度餐馆工作，有空来玩啊，我还很高兴地说好呀好呀。然后被要走了电话都没意识这是搭讪，真的是太年轻了啊。再后来这个大叔一直电话轰炸，没敢接，只好偷偷屏蔽掉。

后来有一段时间，我就进入了走在路上被女的搭讪的阶段。有一次在学校里给一个女孩指了食堂的路，她就非常欢喜地要和我一起吃饭，也交换了联系方式。一开始觉得没什么特别的，交到一个外国人朋友还挺开心。后来第二次见面，女孩开始不断谆谆教导我，讲述她被拯救的经历，我才知道她的目的是传教，这真是一个悲伤的故事。

有趣的是，在日本搭讪可不只是年轻人的专利。我就在新宿还有家门口被七八十岁的老爷爷搭讪过不止一次。不禁让人心里嘀咕，你干这行多久了啊。但是又不由自主地想，人家老爷爷也许就是真的想和年轻人喝个茶聊聊人生，没坏心眼呢？于是又自责起自己的冷漠来。

最狗血的经历是有一次我和朋友两个人在卡拉 OK 唱歌的那次。

那天是情人节前夜，我俩都没男朋友就一起就出来玩。唱了一会儿发现两个日本人在透过门往里偷窥。两人看起来就是正常的日本上班族，而且去卡拉 OK 的时候，其实经常会因为上厕所时忘记房间号而不得不偷窥着找自己的房间，所以我们谁也没在意。

可是事情的发展却是戏剧性的！过了五分钟，在我们唱得正在兴头上之时，那俩日本人突然开门闯了进来，竟然跟我们开始一起唱！他们还手舞足蹈，一副兴奋至极的样子！我俩都懵了……

结果这俩日本人居然坐下了，然后说："唉呀，两位小妹妹，明天就情人节了，怎么还两个女生一起出来玩，多寂寞呀（我们乐意唱歌管得着吗），我们一起玩吧！"然后两个人居然开始点歌。

但是看起来两个人也都不是坏人，就是一般的苦逼西装上班族，态度也很好，偏遇上我们俩都是包子，不好意思拒绝人家，于是朋友无助地看了我一眼。

主要是那两个人太兴奋了，这可咋办？

然后我就开始跟他们谈判，说你们在这可以，点的酒钱要自己付掉。就这样，他们开始在我们房间里唱歌。唱着的时候他们就开始跟我们聊天啥的，当然都是些家常话了。最开始还唱的开心，聊着聊着就露出本性了，问我们一会儿要不要去喝酒再聊聊人生。

我当即说："我们一会儿唱完了，就回家。"

"那你们住哪儿啊。"

"×× 站。"

其实我俩并不住在这个站附近，但是为了安全胡乱报了个地方。

然后他们又劝了一会儿，发现我俩好像并没有找个人共度情人节前夜的意思，就赔着笑走了。后来还帮我俩结账了，人倒是不坏。

有时，因为懒，我经常会很大胆地走过一条红灯区回家。于是不知道为啥，经常有拉客的印度大叔跟我说："妹子辛苦了啊！"

这时候，我就会在内心怒吼："辛苦个头啊！我又不是在红灯区工作的！！！”虽然有一段时间的确头发染得跟不良少女似的吧，但后来发现，以宅女形象示人的时候，印度大叔也会打招呼，估计是认识我住这片了。

JAPAN
NON-PRETENTIOUS
GUIDE

第六章

旅游在日本

1. 吃货的北海道美食清单

北海道在日本 47 个都道府县里，面积是最大的，共 8.3 万平方千米，差不多可以和韩国（10 万平方千米）比肩，然而放到中国，只有重庆市差不多的大小。不过它的人口数量都不足重庆市的四分之一，只有 500 万人口。也就是说，平均每平方公里的居民只有 60 人左右。这样地广人稀，森林土地资源丰富的北海道，不仅有都市性格迥异的自然风光，稀奇的野生动物，也有各种各样令人垂涎的美食。也因此，截至 2016 年，北海道已经连续 8 年被评为日本“最有魅力的都道府县排行榜”第一名。对于中国游客来说，除了关东和关西，北海道可算作是第三大旅游目的地了吧。

说到去北海道旅游，我的每个朋友在回忆起来都是同样的感受：每天都处于吃撑痛苦的状态，却还想吃。因为美食实在太多了，不待上一周实在是吃不完。那么在这篇谈北海道怎么玩的文章中，我们主要来盘点一下这里的美食文化吧。

三种不同的北海道拉面

都说北海道拉面有名好吃，可你知道北海道其实有三种拉面，而且发源地都不一样吗？

首先是味噌拉面，其发源地是北海道的札幌市。据说味噌拉面发源自一家位于普通商场内的小拉面店“味の三平”，这家店现在仍旧在营业。每天中午，店门口都会排起长长的队伍。

最初的味噌拉面并没有现在这样味道厚重，而是比较清淡的。虽然看起来比较普通，但是和那些浓汤重油的拉面不同，吃一大碗也不会腻。这里的叉烧也是味道清淡，但是嚼下去自然的肉味却是沁入心底哦！

除了札幌的味噌拉面以外，还有另一种日本定番拉面（也就是酱油拉面），在旭川一带最为正宗。有趣的是，如果你去旭川的拉面店，会发现他们的酱油拉面都写作“正油拉面”。不过也有人说，旭川的酱油拉面是北海道观光局为了拉动旅游经济而大力推行的。不管怎么说，酱油拉面在日本拉面里都是一个不可忽视的分类，如果去旭川，可不能错过这个传说中的酱油拉面。

最后一种，就是浪漫之城函馆的盐拉面。盐拉面是口味最清淡的拉面，也容易在家里还原——基本上用水煮就可以了！不过，店里提供的当然还是更有讲究。汤底多清澈透明，也有用鸡肉、猪肉熬制而成的白色汤底，口感非常清爽，汤汁可以都喝光。

成吉思汗烤肉

成吉思汗烤肉从日本传入中国，是一种使用特殊铁锅和酱汁烤制羊肉的料理。这种锅形状是一个半圆，似一个铁帽子。一般会把豆芽蔬菜等放在“帽檐”上，然后再把羊肉放在中心，烤到差不多以后撒上酱汁直接食用。日本人吃涮锅和平时的料理几乎不用羊肉，爱好者只有在成吉思汗烤肉的店里才能大快朵颐。

北海道的畜牧业非常发达，因此在这里吃到的羊肉不仅比东京等大

城市柔软多汁，价格也十分亲民。我在北海道的时候随意进了一家路边小店，顾客大多是本地人，两个人吃喝到饱，人均消费在 100 元人民币左右。店员听说我们是开车前来，还特地给了停车费。所以如果你到北海道，不必去挤全都是外国游客的著名店铺。日本料理的特点就是重食材，轻调味。所以无论进哪家店，都可以尝到足够美味的料理。

活乌贼

说到函馆，不只是夜景。北海道的当地人一定会推荐你尝试活乌贼。这道菜虽然新鲜好吃，但也需要一定的勇气：现杀的乌贼虽然被大卸八块，某些部位还会活蹦乱跳。看着动弹的乌贼吃它面前的生鱼片，就是这道活乌贼料理的特点了。

不过你不必声讨这种吃法不人道。首先乌贼和鱼类是没有痛觉神经的，所以被杀死的时候它们并不痛苦。另外乌贼的身体虽然在动，但其实早已经死去，动弹只是因为神经反射，和青蛙解剖之后腿还会

抽动是一个道理。在吃完生鱼片之后，剩下的一部分鱼肉可以油炸或者切片食用，有点类似于我们的龙虾三吃。你有胆量尝试吗？

海胆

在北海道的海边游玩时，很有可能在石头中间发现海胆。这个带刺的小黑球，打开以后就是意想不到的美味。海胆肉在日本算是比较珍贵的食物，在大都市一碗海胆饭都要 2000 日元以上，而在北海道，你绝对不能错过口感和味道都上乘又价格实惠的海胆盖饭。

日本盛产两种海胆：一种刺短，食用部分颜色为橙色，称为“马粪海胆”；另一种刺长，外观发紫，食用部分偏淡黄色，称为“紫海胆”。根据食用部分颜色不同，日本人也称前者为红海胆，后者为白

海胆。其汉字在日语中写作“雲丹”。海胆保质期极短，一般来说打开取出后就要放在盐水中保存，时间越长肉口感越硬。而在北海道吃到的新鲜海胆，大多入口即化且有着强烈的鲜甜味。

最后还要补充一点的是，因为在每片海域打捞海产都需要有特殊的许可，所以在海边游玩的时候如果看到海胆，是不可以自己打捞食用的。即使打捞上来，处理方式不对也无法享受到真正的美味。还是走入饭店，点一碗海胆盖饭最靠谱！

螃蟹

螃蟹已经几乎成了北海道美食的代名词了吧！其吃法在这里也是丰富多彩，刺身，涮锅，炸蟹饼，烤蟹黄……对于螃蟹我推荐大家去

有名的专门做螃蟹的大店去吃，并且可以放心地点为游客准备的套餐。因为各种吃法的料理都会被包括进套餐里，可以一次吃遍！

另外一个建议就是北海道的两种螃蟹“毛蟹”和“松叶蟹”都要尝尝。如果你点的套餐里只有一种，可以单点一品另一种，因为两种螃蟹的味道和口感不一样，错过任何一种都是遗憾。更何况两种螃蟹比较着吃，大家交流感想和喜好，会更有乐趣。

寿司和海鲜饭

海鲜是另一样我觉得不必去挤著名餐馆的东西。因为它的美味与否大部分靠的是鱼肉海鲜的新鲜程度，所以在一个有着充足海产的地方，任何一个餐馆都可以做出媲美东京名馆的料理。这并不是夸张，

我们在旅行北海道的时候，仅去过一家小城镇中类似食堂的饭馆，端上来的寿司虽然不是出自专业的寿司大师傅之手，却一样令人感动。

黄油土豆和生玉米

北海道的蔬菜有个共同特点：天生就甜。这其中最有名也最推荐尝试的就是黄油土豆和生玉米。

黄油土豆不仅在不少景点有直接售卖，随便走进一家北海道的居酒屋也可以点到。简易版的黄油土豆，就是把土豆蒸熟后切成四瓣，然后在上面放一小块黄油。待黄油化后就可以食用了。土豆的松软和香甜和黄油的润滑配合，让人虽然是在吃土豆，却会有吃肉的满足感。在一些比较讲究的店铺里，这道菜还会配腌制过的鱼类。其味道咸鲜，所以配合黄油土豆食用可称得上是画龙点睛，给平淡中加了一丝刺激。

生玉米则主要是在旅游景点售卖。吃第一口时，你一定会惊讶：这真的是天然的玉米吗？是的，北海道的玉米经过特别培育，含糖量非常的高。因为特别甜，所以生吃就好像在吃水果一样美味。在旅游的时候垫垫肚子是一个不错的选择。

甜品

去北海道一定要吃的甜品太多了！首先向您推荐的就是牛奶冰淇淋和北海道甜瓜。

这个甜瓜可不是我们的哈密瓜或者伊丽莎白瓜。虽然表面看起来很像，但是味道完全不同，一个字，甜！甚至光吃甜瓜都能齁死人，这绝对不是夸张。

冰淇淋则没有太多调料所以不是特别甜，主要是奶香浓郁。不少聪明的商家会把冰淇淋和甜瓜一起卖，一举两得，可以同时尝鲜。除了牛奶味和香草味，这里还有甜瓜味甚至薰衣草味的冰淇淋，味道不会有最正统的好，但很少有添加剂味道，都是纯正的食材口味。

甜瓜加冰淇淋的组合，上面一个是香草味，另一个是甜瓜味。

另外，北海道还有几家享誉日本的甜品店，比如六花亭、LeTao等。虽然这样的店总是排长队，但你一定要准备一些时间给它们，因为真的很值。

总之对于美食爱好者来说，去北海道一定要提前查好攻略，列个清单，按照计划样样吃全。还别忘了准备些消食健胃的药物，因为真的一整天时时刻刻都在吃，吃饱了还不满足。去北海道旅行一次，就像过了一个年。怎么样，垂涎欲滴了吗？

2. 被人们忽略的极美观光——地松山

千与千寻的取材地,《东京爱情故事》的拍摄地，夏目漱石《少爷》的舞台，隈研吾名作的所在地，濑户内海水天一色的海景，刚从造船工厂驶出的船舶，柔软的高级毛巾，美味的海鲜，柑橘，烤鸡串。

在踏上东京直飞松山的飞机时，对这一切我还一无所知。

然而今天，我会将它推荐给每一个第二次来日本的人。

如果你已经对千篇一律的购物和人尽皆知的景点不再产生兴趣，不如考虑爱媛和松山，作为踏入日本人熟悉的那个日本的地方。

如果你仍心存疑虑，不如继续阅读，跟着我的照片在这片还没有被国人熟知的土地上徜徉吧。

在濑户内海大桥上骑车

见过印度洋，大西洋，太平洋，北冰洋。却不知道为什么，不由自主地觉得日本小小的濑户内海不逊色它们的美丽——也许是自己骑着车穿越它时，海风拂面令人沉醉的缘故吧。

濑户内海是本州岛和四国岛之间的海，海域内有许许多多的小岛。为了连接被濑户内海分隔的两块大陆，日本建起了一座长达 60 千米的钢架桥，一路直通爱媛和广岛市。这座桥让游客可以骑着自行车从四

国来到本州，也是世界上享誉盛名的自行车道之一。很多热爱自行车的外国友人都会特地来松山，边骑车边欣赏这座大桥上的景色。

在桥上的很多地段，都设有自行车的出租和归还处，游客可以租借各种车子和全套骑车用具。而且，租车处还有中文的使用说明。租费超级便宜！

自行车出租的利用方法

■租用费

类别	时间	费用	保证金
成人	1 天	500 日元	1,000日元
儿童（小学生以下）	1 天	300 日元	
双座自行车	1 天	500 日元	
电动助力自行车	4 小时以内	800 日元	

※需要支付租用费和保证金。保证金只在将自行车返还给出租该车的出租站或与此出租站位于同一岛上的出租站时返还。将自行车返还给除此以外的出租站时保证金不予返还。电动助力自行车及双座自行车请务必返还给出租该车的出租站。

■过桥费（自行车）

因岛大桥	50 日元	大三岛桥	50 日元
生口桥	50 日元	伯方·大岛大桥	50 日元
多多罗大桥	100 日元	来岛海峡大桥	200 日元

在自行车出租站①、⑨、⑭销售便利的“岛波海道自行车旅行券”。大桥上安设有付费箱。

■出租时的注意事项

●请选择符合自身条件和嗜好的自行车。
●免费提供安全帽。
●所有的出租自行车都是平脚蹬。没有夹式脚蹬自行车。
●办理手续时交给您的使用申请书，需要在返还时或故障处理时提供。

■返还时的注意事项

●请在出租站的营业时间内返还自行车，并将使用申请书交给主管人员。
●赶不上预定返回时间时，请联系预定返回的出租站，并按照管理人员的指示行事。
●延长了利用期间时，将收取延长天数部分的出租费。延长利用时，请务必联系预定返还的出
●双座自行车及电动助力车的出租不能超出 2 天。
●对于不出于我方责任所发生的事故或被盗，我们不负任何责任。
●故意致使自行车受损的情况下，要予以赔偿。

■自行车用的指南标识

不过，因为我只是去松山观光而非锻炼，所以选了一辆有电动助力的自行车，上坡骑起来也毫不费力。

我平时旅游就颇喜看海。往往都是在沙滩上或者观海点静静地看。这样骑着车动态地看海还是第一次。比起看，倒不如说是“感受”海。自己的位置在移动，目之所及也是移步换景。

路上还可以停下来吃当地有名的“じゃこ天”，是用鱼肉混合炸制而成的，香而多汁！

隈研吾的鬼老山展望台

这位世界闻名的日本建筑师，就展望台设计理念做出的解释是：提供最大限度欣赏濑户内海风景的同时，极力避免对自然的破坏。建筑大部分埋在山中，其阶梯曲折蜿蜒，爬上之后，就能从不同角度欣赏海景。

进入展望台，映入眼帘的是蜿蜒盘曲的楼梯和斜坡，以及日本建筑师情有独钟的混凝土的质感。

这天天气正好。海平面上镶嵌着淡淡的云层，可谓“水天一色”。

内海游船

在日本坐船游海并不新鲜。然而在濑户内海，既可以看到因为多个小岛而自然形成的大漩涡，还可以乘船感受一下被卷入漩涡里面的刺激。

看完海景，接下来就是爱媛松山最著名的景点——道后温泉。

你没听说过道后温泉？但是在另一个世界里以它为原型之一的温泉你也许见过。没错，是吉卜力动画《千与千寻》里面，千寻工作的浴场“油屋”的造型和内部结构，很多地方都参考了道后温泉。它既是日本最古老的温泉。同时又是松山市市民每天光顾的大众浴场，所以无论从哪个角度，正可称为最正宗的日本温泉，还享有米其林三星的荣誉呢！

顺便一提，道后温泉周围还有大大小小好多温泉浴场。就连住宿的旅馆也会在大堂提供温泉用品，小篮子里面有毛巾和肥皂。游客可以任意拿去周围的温泉泡汤哦。

我去道后的时候，正好赶上和蜷川实花的联合企划，整个温泉老建筑变得鲜艳夺目。

温泉休息室，有没有想起《千与千寻》中各个鬼怪休憩的地方呢？这里餐具和其他物件儿都透着一种古老的气息。

窄窄的楼梯和走廊。让人联想到动画片里千寻光着脚跑上跑下的情景。

美食巡礼

爱媛最出名的特产就是柑橘。但是柑橘也有种类和品牌之分。它们的味道还都不一样呢！

下面这个橘子是最出名的品牌——“红色麦当娜”。

麦当娜是夏目漱石《少爷》里面的女主人公，也是广受日本民众，尤其是松山当地民众爱戴的角色。麦当娜的形象在这里四处可见。既然是叫红色麦当娜，一定和其人一样，也是富贵的大小姐柑橘啦。这种柑橘是人工培育出来的，糖度超高，简单来说就是一个字，甜！而且它的味道很神奇，橘子和橙子的味道各占一半。有机会你一定要尝尝哦！

不仅水果界，整个料理界都成了柑橘的天下。连饭团都有橘子味的！还有各个种类的橘子鲜榨果汁，橘子啤酒，橘子冰淇淋。大部分都还不错呢！

当然啦，临着海，海鲜也是随便吃。在自行车点附近就有一个海鲜市场，可以自己任意挑选购买活海鲜之后到院子里直接烤着吃。喝着啤酒看着海，简直是至高的享受。居酒屋里面的生鱼片或者寿司也

是用当地的食材制作，新鲜美味程度自然比大都市高了一个档次。

名作巡礼

除了《千与千寻》的原型道后温泉，这里还是各种日本影视剧的取景地。

《神探伽利略之真夏的方程式》最后一幕的车站——高滨站。如果你见过电影海报，马上就会认出福山雅治坐着的地方也是该车站的候车厅。

另外，还有数次被拍成影视剧的《少爷》。顺便一提，最近的一个版本是 2016 年冬季的日剧，由二宫和也主演。

最重磅的当然就是传说中的《东京爱情故事》经典剧情——最后

莉香来到完治老家的一幕啦。

《东京爱情故事》中两个人错过的车站，正是这里的梅津寺站。

巧的是，在我们访问的时候，不知道是哪个中国游客留下了一条写着莉香台词的手帕。

更巧的是，站长告诉我们，我们正在等的那一班车，就是下午4点33分的车，正是1991年拍摄《东京爱情故事》时，莉香和完治互相错过的那一班车。

在日本旅行就是这样奇妙，那些我们曾经在屏幕里面熟悉的场景和时刻，就这样把我们吸引了进去——或者是我们自己在某个时空节点穿越进了剧情之中。故事在现实中上演，此时此刻，此情此景。这样的松山，会给你一个特别的感动。

JAPAN
NON-PRETENTIOUS
GUIDE

第七章

在日本上学

1. 如何去日本留学?

提到在日本上学，第一个不得不谈的问题就是“如何去日本留学”了吧。考虑到读者的受众较广，我们就只用一篇文章简略地介绍一下去日本留学的各种途径和大致流程。如果你需要进一步了解申请赴日留学和备考的细节，可以到我知乎上的专栏“食梦貘”去进一步寻找答案。

在这里我们主要分大学本科留学和硕博留学两个方面来讲述。

日本的本科留学

目前从国内高中直接到日本大学本科念书，最主要的途径就是参加日本的留学生考试。

这个考试其实就是日本的高考。只不过对象限制为在外国读高中的外国人，参与竞争的也只有这些人，因此考试的科目，范围和难易程度也和日本本国高考大不相同。在语言方面的压力会比本国考生减轻许多。参加留学生考试的统一考试之后，就可以拿着这个成绩去报考日本各个大学了。有的大学凭留考成绩就可以直接入学，有的则需要学校单独进行复试选拔，比如小论文考试等。

语言学校→留学生考试

这个留学生考试也和国内一样分为文理科。文科是“日语 + 文科数学 + 文综（地理、历史社会等）”，理科是“日语 + 理科数学 + 理综（理化生里面选两门）”，每年的 6 月和 11 月举行。一般考理工科系选物理 + 化学多，医学类选生物的多。因为所有科目均为日语考卷，所以对考生的日语水平要求很高，考试体系和题型也和中国的高考多有不同。所以极少有人高中毕业直接到日本参加高考，而都会选择可以强化日语的语言学校或者留学生考试辅导班来准备留考。

语言学校一般每年 1 月、4 月、7 月、10 月 4 次入学机会，每一次都是需要提前三个月报名申请，考生可以根据自己的毕业时间进行调整。到日本后一边学习语言一边准备留考，学习还是比较紧张的。建议家里准备充足的生活资金，让学生可以专心备考。

日本的硕博留学

要注意的是日语中硕士被称为“修士”，而我们中文的“研究生”这个词在日本不是硕士的意思，而是指硕士之前的非正式预科生。下文中统一把硕士称为修士，而把预科生称为研究生，请注意与中文区别。

日本修士留学有以下几种途径（博士也基本类似）：

（1）大学毕业→国费生或奖学金项目直接入学当年 9 月或次年 4 月修士

国费全名叫作“日本文部省奖学金”，是由日本文部省提供的，包括免学费和提供机票，加上每个月高额的生活费支给的奖学金。虽然近年金额不断缩水，但是仍旧可以算是最高的奖学金之一。

国费可以有两条途径申请，一是通过日本大学的教授直接向日本政府推荐，二是通过中国大使馆推荐。奖学金项目，是一些特殊大学才有的，这些学校和企业等合作把学生送到日本留学的项目。比如大连理工大学每年都有松下奖学金的名额。由于免学费，所以比国家奖学金拿到手的还要多一点。只是对学生出国等限制比较严格。这种机遇要看大学，一般可遇不可求。可以询问自己学校留学办公室，时刻关注相关信息。

这种途径，实为留学最佳途径。一是省钱，可以做到完全不用自己花钱。二是节省时间，可以直接入学，不用像其他大部分人一样花半年到一年读语言学校或者研究生。

可能出现的不利局面是，有些人日语能力并不是特别好，一下子到日本马上开始两年的硕士生活，往往是第一年过去刚刚日语掌握的差不多就开始写论文，没有喘息的时间，也不利于在日本找工作。

（2）大学毕业→日本大学的英语项目或者特殊项目直接入学修士

根据目标大学的不同，有时候会有直接可以入学的英语项目或其他招收留学生的修士直接入学项目，如 G30。有些要求 GRE 或者 GMAT 成绩。具体信息可以在 G30 的官方网站上寻找。

此途径的好处是不需要读研究生或者语言学校，不需要学习日语。

劣势是不一定有奖学金，有时需要自己申请，如果想多融入日本社会享受留学生活的话，不会日语比较困难。用 GRE 申请日本而放弃美国成本较大。

（3）大学毕业→申请目标学校“研究生”→通过考试考上目标学校修士

鉴于以上方式的特殊性和局限性，这一条路是最多人走的。

这一条路的申请流程是：先考好语言考试，准备好申请材料（研究计划等），然后自行联系目标大学的目标教授（此过程和美国类似），表达想要读此导师研究生的意愿，将来考修士的意愿。教授同意后，就开始准备材料进行“出愿”。

“出愿”即“正式递交材料申请”，因为往往教授一个人无法决定该系是否招收该学生，所以要走一下正式程序，获得系里全体导师的同意。除了一些极个别现象之外，一般教授承诺接收后基本都可以通过。

要说明的是联系教授的时间问题：如果我 2014 年 6 月大学毕业，想要 2014 年 10 月去日本读研究生，那出愿的时间就是 2014 年 4~6 月。也就是说这之前必须拿到教授的 offer（内诺）了。如果语言考试等都拿到手了，可以早点（2013 年 10 月左右开始）联系教授。

出愿通过后，便可以成为该大学的“研究生”。指在大学院（和本科相对的硕士博士教授组成的研究机构）内暂时入学的该校学生。在申请奖学金和月票打折等方面虽然和正式的修士不同，但仍旧堂堂正正的也是这个学校的学生了。

每年根据院系不同，会有一次或者两次修士入学考试。一部分学校会有特别的外国人考试。研究生期间备考，通过考试后即可入学。一部分情况下自己可以选择入学时间 10 月或者 4 月。有时候只能 4 月入学。

这种方式的优点：门槛低，风险低，回报高（国费等有时会有幕后操作，而教授一般只看能力）。有一定的时间缓冲使得留学生活质量更高。考上修士的概率相对更大。

缺点：花费更多的时间，需要自己申请奖学金。

（4）大学毕业→直接到日本考修士入学考试

由于修士考试毕业即可报考，所以不当研究生，申请旅游签证直接考试也是一种方法。并且有人成功过。但是这种方法风险较高。第一，没在日本生活过，日语能力很难真正达到实用标准，人不在日本也难以把握出题倾向和题型。第二，有些情况下名额是优先给校内的研究生的。比起研究室内知根知底的研究生，从未见过面的人有的老师是不敢贸然录取的。

优点是节省了半年或一年的时间。缺点仍旧是没有缓冲马上开始硕士两年，很多人会措手不及。日本找工作是毕业之前一年就开始的，直接硕士入学的很多人都感叹时间太紧，日语还没完全提升就匆忙开始找工作，很不利。

（5）大学毕业→语言学校→直接考修士入学考试

走这条路的人也很多。对于日语零基础的人来说，不错的选择。除了一些优秀的语言学校，基本没有门槛，有钱即可入学。在日本学习日语速度会比国内快很多很多。可以跳过研究生直接考试。

缺点：费用高，而且有时候语言学校环境并不是很好。并且，相比于直接入学，这样做更花时间。

（6）大学毕业→语言学校→研究生→考修士入学考试

即把上文所述第 4 条途径的步骤加进了第 5 条途径之中。这么做的人也有的，循序渐进，难度降低。只是特别花时间，至少也要多读一年。

最后希望提醒大家的是，提高留学成功率的最好办法就是提前准备。无论是希望学成后立刻回国，还是希望在外国积攒几年工作经验都最好提前做好计划，充分做好事前调查和语言等方面的准备。早起的鸟儿有虫吃，在留学这方面可是真理哦！

2. 日本的大学和中国的大学哪个好？

市面上流传的各种评判标准各不相同，比较有代表性的是用学术研究水平来衡量。如果仅此而已，那么问题就相对简单，比如说下面的名单：

日本曾经在自然科学方面获得过诺贝尔奖的人数以及大学机构总共 16 人：

京都大学（旧京都帝国大学）：5 人
东京大学（旧东京帝国大学）：4 人
名古屋大学：2 人
东北大学：1 人
北海道大学：1 人
东京工业大学：1 人
旧制长崎医科大学：1 人
神户大学：1 人

人文、社会科学方面总计 3 人，都来自东京大学（含旧东京帝国大学）。

这其中 15 人获得诺贝尔奖的时候是博士称号。有 3 人在美国的大学获得博士称号（也就是说 12 人是在日本获得的博士称号），另外有 3 人是在日本国以外的研究机关任职之时获奖。

也就是说至少也有 9 个人是在日本接受高等教育并在日本进行科研后获得了诺贝尔奖。

然而有些朋友可能会有异议。诺贝尔奖获奖人数是否真的能全面代表大学的科研水平？比如我们中国很多研究都是在研究院做的，和大学没关系。的确，笔者也觉得学术研究的成功者数量这个标准，和大众对于“好大学”的认知会略有偏差。毕竟不是每个人上大学都是为了读博士搞研究的。既然标准各不相同，那我们就先来看看，日本的教育到底是什么样的吧。

日本的基础教育

日本的教育选拔方式也是应试。虽然和中国一样，近年来学习美国而在高中教育模式中进行了一些尝试（比如说采用自由选择的学分制等），但以大学入学考试定胜负这一点还是没有变的。不过即使是为了应试，在基础教育的形式上，日本和中国还是相差甚远的。

在日本，学校除了传授基本知识，主要是作为培养学生全面能力和人格的场所而存在的。虽然学校授课也有考试，但是大部分学校都抓得不是特别严。学生基本下午 3~4 点就结束课程，参加各种社团活动。另外还有各种远足、学园祭等几乎每个学校都会举行的“定番”活动。

那么活动这么多，大家什么时候学习应付考试呢？抓学习这一项任务就落到了“塾”的头上，也就是课外学习班。大部分学生进入应试期之后就淡出社团活动去参加学习班培养考试技巧。这也造成一个可以说是社会弊病的现象：能上得起高价学习班的，多是有钱人家的学生。结果就是他们更容易上好大学，客观造成穷人家的孩子机会变少。

在中国，学校其实是承担了“塾”的义务。我们也有课外学习班，但是估计很少有家长把学习班的学习看得比学校的还重要。至于国内初高中的放学时间，自不必多说。近些年学生的负担甚至比我们还重。曾听说亲戚家的孩子，中考刚结束居然考上的学校就要留假期作业，令人震惊。

日本的本科教育

那么进入大学之后又是什么样的呢？

日本大学的本科教育完全没有美国那样严厉。甚至可以说“水”

得很。无论是著名的国立大学还是私立大学，本科阶段甚至不听课也能拿 B，有时候还能捞个 A。除非完全不去上课不交作业不参加考试才会是成绩无效。在有些学校，成绩无效和参加了考试后的不及格还不一样，是没有反映在成绩单和 GPA 上面的。这就导致很多人觉得这门课考不到 A 或者 B 的时候就干脆放弃学分，不去考试，GPA 还能好看一点。

为什么是这样呢？我认为这是符合日本一贯的教育理念：学生的能力不是从上课和 GPA 搞出来的。

中国的本科教学基本上是“为祖国培养能建设现代化社会的有用人才”。本科教学就是为了让你毕业就能马上进入工作实战，以人才的实用性为主。而日本的本科教学则以“综合教养”以及“对专业的初步引导”为主。既是培养学生综合能力的延长，又努力让学生体会到自己所学专业的初步知识，把一部分立志继续做研究的人引导到硕士和博士阶段。比起传统上课，更重视实践课程，以及在老师研究室和社会实践中获得能力。

举个例子，我所在的国内本科大学，建筑学是五年制。并且是实打实的五年，也就是从第一天入学，就开始全面进行建筑专业的相关训练了。而东京大学呢，是除了一些特殊的法学、医学等，几乎所有同学入学之后都是先两年“教养学部”，类似于复旦大学的第一年文理学院，也就是大部分人都是不分专业的。教养学部的人在另一个校区，充满了各种社团活动、论坛、学生组织，活力四射。也就是说东大的建筑系，实际上学建筑的时间就两年。真的没问题吗？为什么日本那么多名建筑师、那么多国际上享盛誉的年轻有为建筑师呢？

其原因在于，

1. 日本老师不教没用的东西（不在乎手绘的线抖得好看不好看，

渲染出来的建筑3D图牛不牛，画图方面只指点些最基础的让他人看懂自己图面的东西，主要重视想法的逻辑）。

2. 日本建筑业的想法本来就相对成熟不浮夸。

3. 鼓励支持学生的一切想法而不是一味批判打击。

其实建筑学和所有艺术类学科一样，是非常难教的。因为它不像物理、数学等有着非常明确的体系，以既定的知识为主。本身什么样的建筑好，什么样的不好就是很模糊的事情，也没有统一权威的教科书。因此教得好不好可以说全看老师，更能反正一个大学的真实水准。

而日本大学的几门核心设计课程中，老师不会推翻学生的想法。而是站在他们的角度，提出可行性建议，推动学生把这个东西做下去。我看东京大学大三很多本科作业，想法可谓是天马行空，甚至有比较幼稚的，但却不乏逻辑思维，并且其中考虑到了构造和其他因素，而并不完全是拍脑袋。到了大四，都齐刷刷蜕化成优秀的作品。

现在其实还有个问题我们没讨论。就是一、二年级，和三、四年级并不是太忙的同学，都干什么去了？

人家可不是天天蹲宿舍里打游戏去了。

如果你能来日本学习，就一定能体会到，无论是校园里还是社会上，各类活动实在是太多太多了。随便几个人，甚至是留学生，就能组织个小团体，就能申请个NPO。然后就可以有模有样地开展社会活动。从兴趣，到志愿者，到竞赛，到创业。如果你不是苦心做研究的性格或者每天在家里打游戏的类型，就一定能自然而然接触到日本社会和各个公司的人。可以说，日本的大学校园和社会联系是相当紧密的。像早稻田大学、庆应大学这类私立学校的学生更是活跃，在校自己创业的人非常多见。

当然，大学的教育必然是跟社会的整体需求挂钩的。日本大学重视全面素质的教育，也和日本企业对于人才的专业性要求较低有关。这又进一步和日企的终身雇佣制有关。因为是终身雇佣，所以进入公司后有着一套完善的培训体系，也就不着急要求学生毕业后马上有能工作的专业能力。所以比起学习成绩和专业水平，公司通常会更看重社会活动和综合素养。所以可以说，无论是日本大学还是中国大学，其教育的形态都是对企业需求的一种反映。我们可以从其他国家的教育中吸收好的部分，但没必要全部生搬硬套。

日本的硕士、博士教育

上文说过，日本大学生大部分都是参加活动之后按部就班地找工作，进入社会。而通过两年学习感觉想进一步做研究的人，就会进入硕士博士。因为没找到满意的工作而去读硕博的偶尔也有，但更多的应该是选择本科留一年继续找工作。

日本人进了硕士课程，基本就要有跟着研究室做项目的义务。而且因为硕二的人要找工作，写自己的毕业论文，所以项目的主力基本都是硕一。

就算没有项目，老师一般也会抓得比较紧。因为每个研究室都有一个或称为 seminar 或称为组会的活动，就是老师和全体研究室学生聚在一起的例会。这个活动的具体内容根据研究室各不相同，但有一样必不可少的就是每个人要做报告。报告可能每周一次，也可能一学期一次。总之拿不出东西来是不行的。另外老师也会在组会给学生留些作业，留些阅读材料，目的就是让学生不要懈怠。

在硕士期间，笔者感受到日本的硕博教育主要有这样几个特点：

1. 学术求实

硕二的写论文之前，笔者读过很多国内的硕士论文进行学习，感觉罗列词句的论文居多，实事求是踏踏实实做研究的较少。大部分文章感觉都是四处扒来的，缺乏自己实际的调研数据和分析。这个也和上面的例子一样，是和整体学术界的态度和氛围挂钩的。老师的要求，周围的影响起到的作用非常大。

2. 和同行交流频繁

学术方面大家都很重视。每天都会有很多不同活动的邮件发来。大到学会，小到研究室几个人自己去组织见学（比较正式，有学术讨论的参观）或者进行采访。

3. 国外交流机会多

大学每年都提供很多很多去世界各国的机会，并且有独立的奖学金支援这种行为。很多大学的国外一年交流活动基本是报名就能成功的。一年以下的短期交流竞争更激烈一些，不过积极填报的话相对成功率还是比较大。

通过以上的介绍和分析，你是不是对日本的教育有了更加详细的了解呢？而先前问题的答案想必你心里也有数了。这种问题，关键不在于谁争个第一，谁争个第二。本身大学的模式就和整体社会环境有关，所以“谁更好”这样的争论是没必要的。关键在于我们能从了解他人的过程中吸收精华，检讨我们什么地方需要努力，该怎么进步。笔者总结了日本教育中我们或许可以学习的三点，以供大家参考：

1. 科研上的认真严谨。

日本人对工作的毅力和认真程度是他们最大的特点，尤其是这个特点可以渗透到硕士甚至本科的学术研究中，十分难得。单就科研来说，这种毅力和努力无疑是有帮助的。

2. 吸收精华而造就的相对较好的运作系统。

学生的选择相对多元化，机会和资源充沛，使得大家能够去做自己相对想做的事情，并且不断努力吸收欧美国家的各种教育方式。日本虽然对于新兴事物非常谨慎，但是对于已经被证明是好的东西的，仍然会积极地去学习。

3. 积极服务的学校机构和后勤系统。

处处为学生着想。且不说办公室老师服务态度多么好这些小事，就拿找工作这一点来说，我在找工作期间就有三个正式学校机构提供了有力的帮助，分别是我所在学院的就职支援室，学校的留学生支援室的就职支援队伍，还有整个学校的就职支援室。内容包括每周两次的就职学术研讨会，内含讲课和大量练习，还可以随时申请一对一的模拟面试；还有学院整个有一个课程专门面向留学生就职，为期差不多一学期，从零开始事无巨细地讲，还请人事和前辈来传授经验。另外学校还在校内屡次组织大型的企业招聘会，其中更是包括专门面向留学生的。仅仅是找工作这一项，就支援到了如此地步，其他方面可见一斑。

3. 日本真实的人际交往是怎样的？

可能大家了解日本人多是通过各种作品，或者网络上的文章，知乎上的答案，那些文字和影像会给大家一个简化掉的印象，或者是不断强化这个印象，比如“日本人性子是很淡的”“日本人和人交往都有一定的距离”“日本人即使夫妻之间也有一定的隔阂，你看很多人还分床睡呢”。

因为这种印象就和“射手座爱好自由”“处女座有强迫症”一样便于描述，好记。

但是对于我来说，日常生活中接触到的日本人实在太多种多样了，有性子淡的，有喜欢害羞的，也有大大咧咧的，用生命去搞笑的，所以当你问我“日本人现实生活中是不是也是如文艺作品描述的那样温文尔雅、有礼貌以及人与人之间总是保持克制的亲近”的时候，我会觉得，这些描述看起来很对，但是同时脑子里会冒出好多好多特例。

他们在呼唤“我不是这样的啊！”

然后就会想，这是不是我们对于日本人的一种已经被模式化了的认识呢？真相真的是这样的吗？

从头一次看到这个问题之后，就一直在有意观察，也问了很多身边的日本人。之后得出一个结论，日本的人际关系，在本质上其实和我们并无巨大区别。会让我们觉得不同的，只是社会的习惯和价值观罢了。人与人之间的东西，其实没有一点改变。如果真要说有不同，那就是比我们的人际关系更简单一些。

去掉夸张，去掉总结，我想给大家创造一个虚构的人物，在其中尽量还原一个日本年轻人最真实的人际交往情况。

下田祐贵，24 岁，出生在千叶县，毕业于东京一个普通大学，现在在做一家中型企业的销售员。家庭普通，长相普通，性格是典型的和好友一起会疯闹但是对陌生人又会有点羞涩的类型。简单来说就是非常常见的日本人。

下田祐贵几年前在东京上大学的时候，仍然住在千叶县的父母的家里。虽然在东京租房子也不错，但是在家里住可以减少不必要的花费，又能不用担心吃饭问题。不过毕竟过了 18 岁，他也会打打工，每个月给父母一些补贴。

晚上回家可以吃到好吃的。不过回家晚的话要么自己热热饭，要么就直接去便利店买便当了。在家里还是和弟弟住上下铺。老猫玉太郎总是偷偷睡床上。

在大学的时候下田祐贵参加的是网球社团。不过也不是那么动真格的社团，就每周一起练习一两次，然后去喝喝酒，唱唱卡拉 OK 打打保龄球。有时候玩到末班电车没了就住哥们家。

周末有女朋友的时候会一起去约会，逛逛新宿吃个饭看个电影。圣诞节去看点灯，夏天去看花火，一起喝啤酒什么的也都是定番的节目了。不过还没考虑过结婚。毕竟二十四五岁结婚太早了。

在公司里，下田祐贵还算是比较年轻的社员，自然处处都要多跑着点。顶头上司是一个 40 多岁的前辈，平时挺严厉总是指出下田祐贵的错误，不过一起去喝酒的时候也会拍着他的肩膀说好好干。

每周有一两次，会和关系比较好的同届同学一起吃饭，或者晚上去喝一杯，八一八公司里的妹子或者其他同届同学的事情，打听一下上司的八卦什么的。不过如果是公司组里一群人去喝酒可就麻烦了，下田祐贵每次都要帮忙约餐馆、收钱什么的，一般不能喝太多要看着大局，或者把喝多的同事塞进出租车里什么的。

平时的工作有一些已经习惯了，不过还有很多要学习的地方。组里的气氛整体来说还是不错的，也有几个比较难相处的人。不过工作嘛！总是有问题需要去面对的。就这样想着，下田祐贵又度过了和往常一样的一星期。

日本人的基本人际圈子和我们并没有什么不同。家庭，朋友，恋人。如果是社团的朋友，一个研究室的朋友，本身见面理由多的话会比较多出去吃个饭。如果是没有什么其他机会见面的朋友，特别约饭差不多一个月一次。男女朋友当然有一些也天天都腻在一起，不过更多是一周见个两三次，假期一起去玩。有的情侣一周只是周末见一次。

另外日本人和中国人一个非常大的不同就是日本人情侣很少秀恩爱。何止秀恩爱，很多情侣走在一起也不会牵手，也不会当着他人的面卿卿我我，就是走在一起正常像朋友一样谈话而已。甚至很多人交往以后不会特地通知他人，仅告诉最好的朋友。一起去玩也只是开心得像朋友那样去玩。亲密的表现和私密的谈话一般仅限于两个人之间，非公共场合。

不过我认为，武断地认为他们交往就只是玩玩，或者感情更淡也是不妥的。正如前面所说的，人际关系表面看起来不同，是由于社会习惯和价值观所致。

比如拿见面频率来说吧。见面少首先是因为大部分人都很忙。忙什么？工作，兴趣爱好，社团，业余 NPO 活动……对于大部分人来说，恋爱并不是他们生活中唯一的事情，也不会把情侣当作生活内容的全部。他们希望的，是自己能保留一部分时间，同时和情侣共享另一部分时间。

再比如，不公开恋情。很多人会认为这是非常私人的事情，并不适合把两个人的情侣关系摆出来处处给别人看，或者告知天下。还有一些人会觉得告诉别人就会总被打趣什么的，比较麻烦，图省事。反正两个人交往，是两个人之间的事情，没必要跟不熟的人说。

即使这样，也还是感觉对彼此，对他人都有所保留的样子。那到底他们的爱情是不是不太深呢？

这也是因人而异的。既有感情冷漠欺骗伴侣的人，也会有一心一意对待爱情的人。比如曾经有个日本小伙子，在棒球比赛上，公开向得了癌症并且已经二次复发的女友求婚。明知道两个人不可能在一起长久，但还是想要把握住短暂的幸福。这件事也在日本引起了热议。可见虽然习惯保持私人空间，但是并不意味着他们不会热烈为所爱的人付出一切。

其实日本人之间的关系不同于中国人之间更紧密的原因，主要在于他们“不太愿意开口寻求帮助”这一点。但是真的关系到了一定程度，自然是乐意互相帮忙提携的。被不太熟的人拜托做事情，也会感到困扰而婉拒，这一点和我们是一样的。

在日本人与人之间的关系，说白了就是简单（商务政治场合除外）。对于大部分人来说，他关心的只是自己生活的一亩三分地，除非自己真的精神有问题，否则不会无聊到去给别人使坏或者搞什么“站队”。大家在影视剧或者一些人的描述中会有“日本人精神压力都好大啊都憋出变态来了”“日本到处都是欺负人的现象就是弱肉强食”“日本职场也是很坏很复杂的”之类的看法，但那其实都只是一部分而已。大部分人，真的是在安定又麻木地过着资本主义模式化的“快乐生活”。

对，他们的生活中很少有剧变，很少有挑战，只是按照社会的标准，去追求公认的快乐和完美的人生而已。其实我们又何尝不是一样呢。只是我们的生活不安定因素和挑战更多一些，因此价值观也更加多样，多变一些罢了。

另外，即使情侣之间，家族之间也会说“谢谢”“对不起”这种在我们看来非常见外的词语。这纯粹是因为语言和文化习惯的关系，在日本住久了的中国人受到影响互相也会不由自主地开始“见外”，应该说是不道谢总觉得心里不舒服，欠对方一句感谢吧。

很多朋友在这道题的答案里提到日本人喝了酒以后性格会突变，各种出洋相，耍酒疯，搞笑，在电车上昏睡。其实这不正是反映了他们非常单纯这一点吗？

再说下去估计要被说美化日本人了，就此打住。其实我要表达就是，他们跟我们并没有什么不同啦。只是文化习惯不一样而已。因为他们是内敛的民族，又是蜜罐子里的发达国家，所以他们的人际关系趋向于平淡，简单一些。人际关系在生活中的比重要小一些，所以看起来淡淡的。

任何一个国家的人都有他们的特性，我觉得并没有什么绝对的优劣。所有的民族都自有他们的好和不好。日本人的这种习惯给了彼此喘气的空间，更加理性对待人际关系，但是也有弊病——如果认同了这种不给别人添麻烦的人际关系，别人不给自己添麻烦，自己也不好意思开口，人与人之间的依赖的确是会变淡，也造成了很多人的孤独。

但是正如我那位朋友所说的，这种孤独的原因却不是因为“大家都很冷淡不帮助你不做你的依靠”，而是“你习惯了不开口要求”。大部分人对于他人的请求，如果不是触到了一些比较敏感的点（个人隐私，信用和财产等），其实都是特别热情想帮忙的。

最后提供一个我觉得很有意思的调查数据。在厚生劳动省 2010 年的国民基础生活调查中，有这样一项“烦恼和压力”，反映了日本人生活中都会为哪些事情烦心。在这项调查结果中，对“家庭以外的人际关系”感到压力的人在青年少时代最多，男性 20%，女性 30% 多，而这一项则随着年龄增长逐渐减少。在人生的每一个时期都有其他项目，比如学业、收入、疾病与健康、孩子的教育等超过人际关系这一项。可见人际关系在他们的一生中并不是最重要的压力和烦恼。倒不如说，他们在担心和关心的事情，都与我们如出一辙呢！

4. 在日本留学如何交到朋友?

经常有朋友在网上向我提问:“我就要去日本留学了,人在他乡,很担心会孤独……是否可以告诉我如何才能交到朋友?”

对这些朋友,想给出的建议是,中国人朋友和外国人朋友对你来说同等重要。两手抓,两手都要硬。那么我们就从“在国外如何结识外国朋友”和“如何与日本朋友来往”两方面来说吧。

讨论之前，有一些条件是你需要具备的：

1. 充足的精力和时间。每天 18 小时泡研究室的，真的有几个中国朋友就很不错了，不要强求。

2. 一定的语言能力。如果和外国人交朋友，语言好会优势很大。当然，完全不需要一开始就说得太溜，也不必担心自己说得不好——这反而是个会进步的机会。但也不能一句话蹦不出来，带文法错误但是能聊得起来就可以。

3. 基本的社会礼仪。注意不要迟到、缺席或者讨论什么事情总想义正辞言地说服对方，遵守最基本的社会利益。

那么首先，留学生结识外国人的具体方法有什么呢？

1. 通过学校的活动结识外国人

在日本有各种各样的交流会，社团，学校组织的交流活动什么的。如果你的目的是想认识外国人朋友，就要仔细挑选活动。比如说，去个说英语的人和日本人互练英语的活动，日本学生就会很多。这种活动的好处是，去的人都算是社交意识比较强的，成功率比较高。知晓了对方的 Facebook 之后，你可以有理由把一次活动中认识的人一起叫出来玩，一来二去就熟了。当然也不要太心急，参加活动可不是每次去都能有结果的，五六次能认识一个好朋友就不错了。这个好朋友能给你带来的，可是一个崭新的交友圈子哦。

2. 通过外国人结识外国人

当你和一个同学关系比较好之后，就有机会接触他的社交圈子了，然后你就可以认识更多的外国人。如果你不怕生是最好的了。在日本的话，有两样活动是可以增进友情点数的——喝酒和旅游。是不是和我们挺像的？年轻的朋友在一起，怎么都快乐！

3. 通过外国人参加社会活动再结识外国人

很多日本同学会在 Facebook 分享一些活动，积极参加会有意想不到的收获。

总之就是积极，积极，再积极。当个积极分子，让全天下都知道你爱交朋友、爱玩！而且你风评还不错，不会做放人鸽子、严重迟到之类的事情！

那么现在问题又来了。我们认识了日本朋友，该如何去和他们交往呢？有一些朋友可能和外国人交往的时候，发现彼此似乎不在一个频道上，自己热情对方却退缩。其实这是因为我们中国人和日本人所定义的朋友关系和“真心朋友”本身就不太一样。如果力求友谊达到自己的标准，非常可能会让对方觉得太沉重甚至太吓人而达到反效果。

首先，建议大家在和日本朋友聊天的时候不要太在意对方所说的“兴趣相同”“想一起去玩”这类的话。很多时候这些是客套话。你可以说这是他们表现礼节的一种方式，也可以说很假。但无论你怎么看，语言都不如行动更有力度。如果真的有兴趣，他们会主动邀约你，或是很痛快地接受你的具体邀约。具体他们是不是真的感兴趣或者跟你玩得来，请看实际表现。

其次，日本朋友一般会倾向于和“共属一个集体”的人形影不离。他们是非常看重“对某个团体的归属感”的民族，因此为了在这个群体里合群地活下去，一般会选择几乎每天和公司的同事或者社团或者研究室的人泡在一起。如果不是以上条件，每两周能和你特地约见一次已经是非常非常非常要好的朋友了。这么说吧，如果你们不是因为在一个集体有经常见面的理由，他们要和你每周见一次这已经是男女朋友或者猴急地明追你的水准了。

“饲养”日本朋友，请给他们足够的自由和私人空间。

再次，和日本人真心交友，是靠时间磨出来的。我们中国人可能知己相遇，话一投机一晚上就称兄道弟。但日本人大多数（当然也有例外）倾向于拘谨，是慢热型的。在第二点中提到的一两周甚至一两个月见一次的频率下，进行不会疏远到相忘也不会太频繁见面（除非你们本来就属于一个团体），然后慢慢磨熟的模式才是最常见的。

中国人讲究在外靠朋友，人情都是互帮互助你来我往建立起来的。但日本人习惯于有事不麻烦别人，所以不要过早拜托他们帮忙，也不要过于热情地一定要帮他们的忙。点到即可，真的需要你，他们自然会找你。在很熟之前也不要贸然让他们帮一些要负重大责任的忙（比如涉及保证人，金钱等的事务），以免搞得双方关系尴尬。

如果你有幸遇到愿意发展友情的日本人，按照以上步骤基本都能发展为很好的朋友。但要记住，能接受多亲密的关系，是因人而异的。很可能一个日本人对家人的亲密关系都不如你和你哥们铁。所以真的不要对他们要求太多。但他们真的会在你需要的时候帮助你。以一种日本人特有的友情的方式。这种淡淡的友情，有时让人觉得很美，也很安心。

而至于称兄道弟和形影不离的友情，建议还是在中国同胞里享受吧。在国外的中国人都很团结，会组织各种各样的小团体定期吃饭或者尝试新鲜好玩的活动，大家还会交流在异国的生活经验，互帮互助。外国朋友可以没有，中国朋友对留学生来说可是必不可少的！

那么到了国外，都有哪些结识中国人的具体方法呢？

1. 投靠组织

通常会有很多自发的学生团体和组织。大部分都是很欢迎新人进来的。投靠组织是最简单易行的方法。你可以认识很多活跃的前辈，甚至在一些团体里你还有机会接触外国人和外国公司。

但是你要根据自己的三观，选择好投靠的组织。并且，勤恳做事，做实事，这样才能真的融入进去，并且享受在这个组织或者团体里和大家共事的快乐。笔者不太推荐那种人际关系太复杂的组织，会消耗你多余的很多精力。

2. 结识同期入学者

在各种留学论坛上能召集到一部分一起入学的朋友。再就是入学式，入学说明会之类的场合。这些朋友往往是感情最深的，因为要一起面对很多问题共同解决，生活节奏同步。哪怕你以后认识的朋友再多，这些最初的同期都会是你最坚固的后盾和永远的朋友，一定要好好珍惜。

3. 寻找“中心人物”

中心人物就是在一个圈子或者一个学校里的“积极分子”。几乎所有人都认识他们。他们跟你熟了，就会带你进入很多圈子无数的活动，也会给你更多的生活和打工的间接帮助。

4. 让自己成为“中心人物”

如果你是一个特别精力充沛又喜欢社交的人时，自己也可以成为这种中心人物。虽然你本身可能不是一个牛人，但是你在留学，积极获取很多人脉，了解各种信息。当其他人知道这一点之后，他们就会来尝试让你帮忙传播信息以达到更好的效果。这样你就认识了更多的人得到了更多的信息。自己需要办事时，都很容易实现。

然而每一个地方的圈子肯定是错综复杂的，相应地，你需要一定的精力去解决一些纠缠在一起的人际关系和事项。麻烦有时候会和好处接踵而来。

为什么我没列举研究室的人或者靠打工这些结识朋友的机会呢？因为这样的圈子往往并非是我们主动选择，有没有和自己合得来的人是不能保证的。很多同学尝试在这样的圈子里搞好关系，却因为对方的原因失败，就会产生挫败感而不敢再积极交朋友……其实呢，跟我们志同道合的人，能恰好在同一个研究室或者打工公司的概率真的非常非常小。所以在这里能形成的关系，很大概率会是一个很弱的关系而不是强关系。弱关系不能给我们带来更广的人脉和交心的友情。而强关系能，但要自己走出去不断尝试寻找。

广交朋友不是为了那些资源和人脉，而是为了认识多一些再多一些可以交心的人。请珍惜那些真心的朋友。

5. 在东京大学上学是什么体验？

东京大学（以下简称“东大”），在日本以“まじめ”（认真正经）出名。堂堂130余年的国立老校，日本地位无可动摇的第一学府……就连流传最广的东京大学的校歌，名字都叫“ただひとつ”（独一无二）。另一首代表性歌曲里更唱到“巍巍我赤门，高与云比肩”。是不是浑身都散发着一种孤傲的气质？

比起活跃于社会上的私立双雄早稻田大学、庆应义塾大学，东大给大部分日本人的印象是“官僚”“正统”“精英”，甚至“太正经而乏味”“奇怪的人的产地”。近年来的日剧里，也多有树立私立大学的主人公形象，而设置奇葩的东大孤傲眼镜丑男的手法。

但是，如果真以为是这样的话，可就大大误会了哦。

东京大学，相处久了，就会觉得它是一个有点小清新的特色，却又有无数逗比存在的地方。听我给你细细道来。

被猛烈吐槽的拳击部

日本的大学时常会有体育比赛。在这其中东大可以用三个字来形容：弱爆了。偶尔食堂会出现某几个大学体育比赛的成绩表，常规的足球、棒球、田径等项目上，东大基本都是1分都拿不到或者拿到1

分。最擅长的运动往往是太极拳。太极拳！我估计那个比赛不是对打的应该是类似于广播体操一样看姿势的吧。

就在这样一个大学里，我有个朋友是拳击部的。

有一天，这个拳击部的朋友在 Facebook 上贴了一条链接。不知道 2ch 上谁发现了他们拳击部的登有全体部员照片的网站，里面是一群瘦弱、有些还戴着眼镜的人……部员的爱好也都写着“吃饺子”“回老家”等。简单来说就是看起来战斗力只有 5。于是他们在 2ch 论坛

上“火了”。

网友评论基本上是这样的：

“这种程度哥也能打赢。”

“感觉都是不食人间烟火的人和难民。”

“估计每个人都会把通过计算得出的打架赢的方式偷偷写五个草纸本。”

“感觉好像被他们揍一拳对方的拳头会粉碎性骨折。”

然而拳击部的东大生们倒并没有暴怒，而是都乐呵呵地把链接分享到 Facebook 上，以此打趣自己。他们居然能自黑这件事基本颠覆了在我心目中东大生的正经形象。这个朋友是一个个子小小、长相柔弱、性格和顺的小家伙。在他告诉我之前，我是被砍一万次也想不到他居然是拳击部的。而且居然是全东京法式拳击的冠军。

冈本老师的安全邮件

这件事发生在我们研究室。每个月学校都会总结校内发生的大大小小的事故，编成集子发给同学们，来提醒大家注意研究过程和生活中的安全，不要受伤。从学校散步到各个研究室是通过助教的。这个任务也落到了我们研究室助教的冈本老师身上。

随着日子一天天过去，我发现冈本老师的邮件开始愈发变得奇怪起来。

“我是冈本。给大家发一下最近大学内的事故。这些事故中，有在自动贩卖机买了果汁之后哗哗流血的恐怖的事例。请大家务必仔细阅读。”

“如果进入最后的网站，还可以看到还有走路的时候跟野比一样撞到电线杆，以及在雪地上打滑结果撞到鹿等在震灾地调研的时候发生的事故。”

“顺带一提我们研究室在震灾地调研的时候，也有逗狗时被狗扑倒，以及隐形眼镜碎裂的事故。”

“东京大学环境安全邮件杂志——我是冈本。上个月发生了微波炉喷火等恐怖的事故。大教授在研究室楼前也遭到了乌鸦的攻击，请大家一定要小心。”

“东京大学环境安全邮件杂志——我是冈本。上个月也是事故多发。我的鞋子里居然出现了马蜂！！！”

冈本老师，真的是寂寞如雪啊。

乌鸦警告牌

上面的邮件中有提到乌鸦。其实还有一件事，本身没有搞笑的目的，却达到了搞笑的效果。

某一天我在上学的时候发现学校里面竖着这样的牌子。

“请注意乌鸦！”

“在这附近有很多人遭到乌鸦攻击！”

“当乌鸦嘎嘎叫的时候就是威胁的信号。请通行的时候注意背后（乌鸦会从后面飞来踹你头部）。”

由于日本的乌鸦个头超级大（和家养的成年母鸡差不多，很吓人），东大里面大型的树木又多，所以到了春夏时节经常有乌鸦攻击校园里的人。东大甚至做了一张在学校里乌鸦攻击过人的地点图，在网站上提供给学生。最不可思议的是，在这种情况下东大驹场校区的吉祥物居然还是一只名叫 Yutasu 的乌鸦。可见校园乌鸦有多么多……

学校还开设了专栏“今天的 Yutasu 君”，记录它每一天的日常生活。在网站中还收录了用织布制作 Yutasu 君的步骤以及可以打印之后制作的 Yutasu 纸模型。感兴趣的朋友可以去东京大学驹场校区的官方网站看看哦！

西蓝花车座事件

2011 年 9 月 9 日这一天，东京大学综合图书馆门口发生了“恐怖袭击”。正门门口停放的一排自行车的车座全部被卸掉，换成了西蓝花。作案者刀工很细致，把西蓝花的花茎削成了正好可以插进车座下面钢管的程度。此事件一时间在日本和中国的网络媒体上引起了非常大的震惊，甚至连警察都出动了！后来作案者自首，受到了警察叔叔的教育。

据说警察叔叔是这样教育作案者的：

“怎么可以这样浪费食物！”

据说作案者回去之后委屈地和同学说：

“其实后来那些西蓝花我们都吃掉了……”

高手在民间

每次冬天大雪，便有不少平时沉寂在人群中的艺术家开始创作了。以下这两张都是笔者拍摄的，夜里下大雪之后次日早上在校园里出现的物体。

食堂小卖部店长哥

这么多年来，在这些热爱搞笑的小伙伴中最让我念念不忘的就是东大食堂小卖部的店长哥了。

事情是这样的：东大的小卖部有一个意见角，每个人都可以在那里写下自己对于商品的意见、感想和要求，然后店长就会回复并且贴在展示板上，对于大家的意见店长都会仔细阅读并且给予恰当的回复，比如这样：

“东大生协的 280 日元便当实在是太良心价了，真的大丈夫吗？”

店长回复：

“大丈夫萌呆奈。谢谢你的关心。期待您的继续购买。”

“请给我最好的。”（日语段子，在 RPG 游戏里指在装备店要最好的装备）

店长回复：

“感谢您的利用。本店最好的装备有：

东京大学校徽连帽衫：7200 日元

东京大学校徽短裤：3200 日元

东京大学校徽鸭舌帽：2000 日元

东京大学领带：4000 日元

东京大学丝巾：10500 日元

护士凉鞋：1659 日元”

大多数时候，店长还是会给大家推荐合适的商品。

但是偶尔也会陪大家谈天。

“哥是神。”

店长回复：

“神大人，谢谢您一直以来利用本店。不愧是神明大人！字写得也真漂亮！你是在神学部（多指基督教专业）上学吗？神学部也有 report 和毕业论文吗？话说你是什么神呢？毕业论文能写完吗？”

这样的店长已然成为大家心目中的偶像。不过有的时候也会煽情一把。

“去了美国以后我也不会忘记朝日先生的。”（朝日为店长姓氏）

“谢谢您一直以来的关照。您是要去美国吗！我还没有去过国外，所以很是羡慕。如果没有调动的话我会一直都在这里回答大家的。如果你回国来的话也请一定记得回来看看。

注：如果您指的是朝日报纸的朝日的话就当我没说过吧……”

店长的故事就讲到这里，有兴趣且懂日语的同学可以谷歌一下“東大　生協　ネタ”，会看到很多有趣的回答。

写了这么多，不知道大家有没有感觉到，东大之所以有这么多搞笑的人和事，是因为这里是一个很温暖的环境。虽然由于教授和院系的不同，不同研究室里面的气氛各自迥异，但是学校的所有办公室以及组织，都是时刻为学生着想的。这是我在东大生活三年体会最深刻的一点。没错，就是被尊重。举两个例子，在我毕业之后短短半年东大就出台了两项举措。第一个是在食堂可以刷交通卡了。因为食堂的饭菜都是零头，所以可以彻底告别之前大量的零币。第二个是东大即将实验性地推出在校园内的公共自行车，模仿欧洲的模式。

另外，我在找工作的时候也使用过东大提供的很多资源。包括书籍以及企业的人事跟学生一对一的面试练习和建议，还有为期一个学期的课程以及若干次和企业人事以及前辈交流的机会。学校内的医院，就像外面的诊所一样细心。当然，每个在这里的学生和教师对于这所大学的印象都是不一样的。偏重研究的生活、偏重校园活动的生活、偏重踏足日本社会的生活……任何一个人都不能管窥全豹，代表所有的东大生，但每个人都有自己那一份精彩。

在东大有很多欢乐的事情，但是日常生活不一定轻松。最后一年我因为找工作和写论文，经常在学校待到 11 点多，搭乘最后一班车回家。那些日子里，累了倦了就会去校园里逛逛，躺在体育馆的屋顶上晒太阳、看小伙子们踢球，到隔绝外界喧嚣的三四郎池看看硕大的鲤鱼，在建筑馆门口的神树下面看小孩子们玩耍，去校园里的星巴克和好友聊聊天……很开心在日本的三年多里能一直有这个地方陪伴。不过人总要长大，学生们也总要离开，带着它给的温暖。

也许对大部分人来说，东大只是亚洲一所普通的学校，但是对它的每一个学生来说，她真的是“独一无二”的存在呢。

如何更好的学习日语以及学前准备

日本大学的面试技巧

JAPAN
NON-PRETENTIOUS
GUIDE

第八章

在日本工作

1. 在日本找工作是怎么一回事

在日本留学的朋友，有不少都希望体验一下日本本土企业的工作方式，积累一些经验再回国。那么应届学生在日本找工作，也和国内一样吗？他们都需要做些什么？在这里我们就来看看在日本找工作是怎么一回事吧。

首先，在日本找工作和国内有三点最大的不同：

第一，开始得很早。

在 2014 年之前，大部分人的工作都是在毕业前一年就找好的，开始找工作的时间则更早。举个例子，如果小王是 2014 年 4 月毕业，那么小王就要在 2013 年 3~6 月拿到 offer。小王开始找工作或者做相应准备的时期，就是 2012 年的秋天到年末。如果小李是 2013 年 9 月毕业，那么小李和小王找工作的时间相同。

不过，这个时间是谁定的呢？在日本有一个组织叫作“日本经济团体联合会”，简称“经团联”。它的成员包括 1000 多家日本企业，包括了几乎所有的知名大企业，还有一些主要业种的联合团体。日本的企业招聘季就是这个经团联制定的，所有成员企业都按照它所发表的时间去展开招聘、面试等活动。不过一些中小企业和外企并不是经团联的成员，自然就不理会这个时间表啦。对于企业来说，人才的争

夺就是越早越好，所以经团联以外的企业通常会更早地开始招聘活动。

第二，基本上不考虑专业对口。

日本公司的传统，是终身雇佣。这就决定了他们和急于用人的中美企业不同：他们不在乎用三年时间去培养一个在自己公司服务一辈子的人才。另外，日本的大学比起研究知识，更注重社交能力和全面知识教养的培养，在专业上也很少有造诣很高的人才（而且喜欢研究的人才都会去读硕士和博士）。这就造成一个结果：大多数公司招人不看专业。

这就给希望转专业的同学们一条很好的路，但要注意日本企业也不是百分之百不看专业哦。什么时候看专业，什么时候不看呢？这要从招聘制度说起。

大多数公司招人进去，一开始是不知道要做什么的，可能是销售，可能是人事，可能是企划，这种情况叫作“综合职”。可以想象，综合职是几乎不限专业的。但一些公司需要研究的职位。比如制造业需要研究所，这种时候会有综合职以外的招聘，叫作“研究职”。这种时候公司招聘的是某方面的人才，基本上就是对口专业的硕士以上学位。

除了这两种以外呢，还有一种叫作“某某 Course”的职位。比如野村有个 Global Course，这些“Course”都是招进去以后承诺往某一个方向发展的，专门培养某方面人才的。这种情况下，是否要求专业对口要看公司具体要求了。一方面，因为培养方向确定，所以对口会有一定优势。但另一方面，公司也不希望组成该领域的员工专业过于单一，所以反而会限制专业对口的人数比例。具体对专业有没有硬性要求，在招聘页面上都会有很详细的介绍，只要参照即可。

但总的来说，除却一些极其专业的职位，不看专业找工作是大多数公司的现状。

第三，都遵循一个固定的步骤。

无论是外资还是日企，除了极少数小公司以外，大多是按照一个既定的步骤走过来的。这就是“说明会→ Entry Sheet → WEB TEST（笔试）→面试（一面，二面……终面）”的流程。虽然也有可能跳过某一个步骤，但大多数情况下都需要按这个走。那么下面我们就一个一个看吧。

在日本找工作有这么几个步骤：

一、企业说明会

简单来说就是企业向学生介绍自己。各个企业会制作精美的画册和各种配乐小短片在说明会上展示给学生，目的都是说明自己有多高大上，有多么光明的未来。

说明会分三种，

一种是“合同”（在日语里是“共同”的意思）说明会，简称合说，也就是一堆公司一起租个大场地开，类似国内的人才市场，一个公司一个摊位，去了随便听。和我们国内的人才市场差不多，只不过在这个说明会上只介绍公司，不进行报名和面试。

另一种是两三个公司一起开说明会，但不是在大场地，而是在一个屋里轮流讲，去了基本就是从头听到尾，自由度比较低不能随意来去。

第三种呢就是“社内说明会”了，在自己公司里面开，每次人数几十人。形式和第二种类似。只不过有时候会有些 workshop 啊，和社员谈话之类的附加活动，增强对于该公司里面业务或者气氛的了解。

一般经团联也会规定说明会都在某个月 1 号正式开始，那之前严格禁止公司向学生直接进行宣传或者人事和学生接触。所以一旦说明会解禁，各公司人事就会马上行动，你会发现这某个月的 1 号，日本会突然出现大量说明会的传单以及路上走着的穿全身黑色西服的学生。没错，穿这样衣服的人，基本 99% 就是找工作的学生。在日本称为“就活生”（就职活动学生的简称）。

二、名为 Entry Sheet 的特殊简历

除了投行咨询和一部分外企较早之外，大部分公司在每年 1~3 月开始接受投简历。但是这个简历和其他国家有所不同，不是自由规格的，而大多是公司规定好的样式，日本叫作 Entry Sheet，简称 ES。

ES 一般包括一些个人信息，联系方式和学历信息。以及公司规定好的几个需要回答的问题。问题往往有字数要求，比如两百字，五百字左右等。字数不能超过也不能太少，还要把自己的优势展现在这些答案中，所以不仅留学生，这些问题也是日本学生最最头疼的部分，甚至比面试还要痛苦。

从 ES 开始，公司方面就会对学生进行选拔。

三、网测

在日本，大部分公司已经采用网测的方式进行评估。网测一般有两种。像宝洁、联合利华、德勤、微软之类的国际性大公司，都有自己专门的网测系统和题目，并且全球统一，更有中文版本。而其他的大多数日本公司都采用外包。比如 RECRUIT 公司制作的 SPI 考试系统，包括语文（日语），数学和性格评估，难度基本在小学数学竞赛的水平，并且有固定的题型。市面上往往有大量“SPI 题库”“SPI 考试详解”之类的书籍供学生们备考。

四、面试

前两关通过的人，会收到公司的通知开始进行面试。

日本的面试大多数是冗长而乏味的。

说它冗长，是因为次数太多。比如银行可以多达 11 次面试。你别说，还真有第 11 次面试被刷掉的人，简直让人同情！

次数太多的原因，是因为要一层一层领导挨个面试上去，所以从这个次数其实多少能看出这个公司有多传统。IT 企业和外资企业相对次数就少些，3~4 次，也有少数优秀者两次面试即过的。但面试次数多也不代表成功概率就低。说它乏味，原因很简单，每次面试，面试官问的东西基本都一样……因为这几次面试不是一个延续的过程，而是每个人都要从头去审核，问的问题也基本就那几个不变。话题的主要中心就是“你学生时代主要努力做了些什么”“讲一个可以表现你优点的故事”这类。目的其实就是要学生通过学生时代所做的事情，来表现自己的长处，性格和处事风格。我一般把它称为“段子”。显然，大多数留学生的段子都局限于努力学习，打工和学日语等上面。这时候积极参加各种活动，加入社团和创办学生组织的留学生往往就更容易脱颖而出了。

近年来由于在日本找工作的中国留学生越来越多，还出现了一种有趣的现象——面向中国人的“求职培训班”如雨后春笋般建立起来。开设这些培训班的大多是成功进入一流企业的留学生学长学姐，以收费课程的方式传授一整套流程和经验。你别说，这价格一般还真不便宜。当然，有一些学生受惠于这样的培训班，更快地进入了理想的企业，另有一些同学凭自己的力量也照样成功。找工作这件事的最终成败，还是要看个人自己的努力和机缘巧合。在任何国家任何环境里都是如此。

留学生们的奋斗，让中国人在日本本土企业里的位置越来越不可忽视，也为他们的学弟学妹，以及其他想要体验他国企业文化的同胞带来了更多的机会。在读这本书的你，是不是也会加入呢?

2. 日本职场什么样？

行走在街上电车里的西装男，大概是最典型的“日本上班族”形象了吧。对日本职场的描写，在电视剧里可一点都不少。传说中的喝酒会，上下级关系，加班……这些到底有多少是真的呢？日本职场的真实体验又是怎么样的呢？虽然根据每个公司，每种职务以及团队的不同，人们的感受五花八门，可不得不说，有那么一些倾向总是相通的。我把它们总结为“三优”“三劣”。

第一优——把员工当亲儿子培训

要说日本公司的培训制度，那可真是全面细致。从新进公司了解情况，到日常礼仪，到软件的使用，甚至到外国人的一对一日语课，很多大公司都有非常完备的培训计划。进公司的时候什么都不会也没事，全是从零打造你，下血本培养。相应地，日本的专业人才培训公司也不少。不仅是技能上的，还有心理和职业规划方面，也会有一套成熟的理论和做法，并严格遵照其实施。

如果你是个职场小白，吸收的比释放的多，那么这一套套的培训课程应该挺适合你，至少能多了解不少新东西。不过对于已经有工作经验的人呢，那就看你的水平和公司培训的水平是否匹配了。值得一提的是，日本的不少 IT 公司格外重视系统安全和个人信息安全相关知

识的培训，甚至非开发人员都要统一安排学习和考试。

第二优——人际关系相对简单

要说勾心斗角，权力斗争，那肯定全世界都有。但日本公司里的竞争是越往高层越剧烈，基层大多没有太强烈的竞争意识，给人穿小鞋或者背后陷害也不会那么普遍。这可能要得益于日本的宽松教育和少子化让这一代年轻人非常不习惯竞争，也不愿出头，更喜欢安安静静地和大家做同样的事情。

在这样的大环境下，有一些人给别人使绊子的方式甚至显得特别幼稚可笑，其手段之简单，构思之清奇，还谈不上是勾心斗角的程度。比如几个人背后因为鸡毛蒜皮的事情碎嘴啊，或者试图向上司打小报告但是谎言明显和事实证据不符等。对复杂的人际关系和太激烈的竞争不太擅长的人，可能在一些日本公司，尤其是非传统大公司里会过得相对轻松些。

第三优——担责风险小

日本公司的运作模式，决定着很少会有人需要担起对错误的责任。大多数决策都会以团队为单位来进行，所以万一搞砸也不会追究到个人头上。因此说白了，只要你遵守日企的那一套流程，凡事和团队共享，让团队共同决议，就几乎没有被辞退或者降职的风险。

第一劣——万恶的加班文化

不夸张地说，绝大多数日企，都受到加班文化的荼毒。七八点钟算正常下班，九十点钟是家常便饭。可为什么大家都这么“喜欢”加班呢？

首先，有一些员工为了丰厚的加班费，会特意降低白天的效率，下班时间后才开始认真做事。很多日本企业缺乏数字化的成果评价体系，导致员工是否努力只能看“工作态度”。加班不仅能拿钱，还能得到上司的好评，何乐而不为呢？

在这样的环境中，大部分公司甚至形成了“不加班就是工作不积极”的气氛，到点下班似乎成了一种罪过。我就经常听朋友抱怨正常下班却被日本同事说“怎么走得这么早？”

也许你会觉得，在国内我们也经常加班。年轻人，正常嘛！其实日本企业的弊病就在于，大多数加班的人其实是没有事情做的。一个在业内数一数二日本传统大企业工作的朋友就曾经对我说，他经常因为公司氛围而陪别人进行毫无意义的加班。明明事情已经做完，却还要坐在电脑前“呈工作状”，不能做自己的事情，也不能利用这段时间学点东西，而他的同事很多都空洞地盯着电脑屏幕无所事事，形如废人。“这样还不如多给我一点活儿，让我真正忙碌起来！”

与此类似的，日企带薪假形同虚设的问题也不少。明明合同里写着带薪假的天数，还写着可以自由请假，但因为公司里几乎没人用带薪假去好好享受假期而受到无形压力不敢请假的人并不在少数。到底何时，这样以牺牲个人生活来表现工作态度的形式主义可以得到改善呢?

第二劣——超低的沟通效率

上一点里我们说的是明明不需要工作却硬着头皮工作的部分，那么踏踏实实在工作的部分又怎么样呢? 有很多流程方面都有比较成熟，值得我们借鉴的部分，然而也有很多难以理解的“无用功”。

比如说，明明面对面一两句话可以讲清楚的事情，一定要用 Excel 做一个图文并茂的“操作手册”通过邮件发放给大家。再比如，绝大部分企业都没有用来沟通的即时聊天系统，而还是用着邮件来进行工作交流。即使打电话沟通完毕，也要把电话里说的东西再重新用文字整理一遍邮件发送。

这样的工作习惯其实是有其原因的，主要是为了避免口无对证的情况，做到一切工作步骤有迹可循。然而凡事都有一个合适的度，重要的工作资料值得细心留证保存，而日常沟通交流的几句话真的有必要花这么多时间和精力吗? 另外，并不先进的文件管理系统让很多资料被做出来之后并没有发挥最大价值，导致不同的人花费时间去做同一件事情的无用功也不少。而在日企里，大多数人只是机械地遵循着既有的法则，很少人会去质疑现有的工作方式，更少有人会想要改变了。

第三劣——以守为攻的傲慢

我们都知道，日本企业在过去的几十年里曾经创造过在世界上相当有影响力的辉煌。“日本制造”曾经是这个国家的骄傲。可是在最近的五年甚至十年中，我们听到的都是日本老牌企业萎靡不振的消息，全世界人们的高科技生活用品也不断被中国制造所取代。日本企业并没有因为过去的成功而懈怠，那他们是怎么了呢？

这也许和日企“以守为攻”的风格不无关系。

由于某种未知的原因，日企大多倾向于保守，比起思考如何创新，他们更重视如何回避风险。或者说很多日企虽然强调创新，但他们的创新只不过是一个更巨大的陈旧商业模式下的小尝试居多，极少出现可以颠覆既有模式和利益链的，真正的创新行动（事实上，这些年出现了数家敢于真正创新的日本小企业并急速增长，说明他们的市场还是有这方面需求的）。非常可笑的是，很多日本企业面对机会，往往犹疑不决，一拖再拖，直拖到竞争对手大胆引入创新，才一拍大腿追悔莫及，并立刻竭尽全力去追赶。只可惜大多数时候蛋糕只属于最先行动的那些人，看到好处才去跟风的人在一开始就容易确定失败的结局。

这种保守，也许和他们的傲慢不无关系。总觉得自己从前的做法就是对的，是最先进的，却不曾想经济环境和人们的需求每天都在变化，自己不能做断腕勇士，就必然在竞争中不进则退。估计再过个十年八年，当更多日本企业品到了保守不前的苦头后，他们才会决心进行大的改革吧。

看过上面的分析，想必你也对日本企业的内部文化多了一些了解。他们的这些特性，在一些特定的领域是有优势的，比如需要严谨和控制风险的建筑建设业，需要长期磨炼技术水平和商品的制造业。而在需要快速迭代和新模式层出不穷的互联网领域和生活消费领域，就显然“性格不合”。那么，下面我们就来看看，为何日本在并不缺乏尖端技术的条件下，互联网生态却极其贫乏。

3. 互联网落后国日本

这些年，我国的互联网产业真是蓬勃发展。就在十年前，大学的生物、医学、建筑学还是报考热门，到了今天最炙手可热的却是精通计算机技术的人才。不少热钱和有才能的人投入这一产业，也催生了

无数优秀的产品，有些已经开始走向世界。曾经有不少在国内的互联网从业者抱着想出去看看的念头问过我，到日本就业，前景如何？在这里我要统一回答大家，中国的互联网从业人员到日本，可要做好从先进国家到落后国家的准备哦。

这一点都不夸张。仅就互联网服务来说，日本无论在产品的质或者量上都远远比不上中国。甚至在全世界来看都可能是落后国家。有位朋友就跟我感叹："当年我刚来日本生活，第一次打开慕名已久的日本 No.1 线上购物网站，却被界面之丑吓得立刻关了——我还以为那是个山寨的假网站！"

那为什么日本没有出现中国那样完善的互联网生态圈，大网站都看起来又丑又陈旧呢？责任不仅在于互联网企业本身。通过在日本 IT 企业工作这些年的经验，我觉得主要以下的三个原因：

线下服务的完善，使得新的互联网服务要跨越的门槛太高了

比如说外卖应用。相信生活在中国的你，即使不是每天用，也至少偶尔用用，即使偶尔也不用，估计也听说过并数得出三大在线外卖服务吧。但是在日本，除了肯德基、麦当劳、多米诺比萨这些本来就有外卖系统的店铺有自己的网站和应用以外，还没有出现公司能够成功地带领小商铺来提供外卖服务。想做的公司不少，但是他们多少都会碰到用户对服务质量要求过高的困难，因此外卖应用虽然有，但完全达不到中国那样全民皆知，在生活中站举足轻重地位的程度。

一句话来说，就是日本的顾客都被惯坏了。

比如说，互联网出现之前顾客原本是打电话叫外卖的。那么电话只要打通，就肯定会有人记录下这笔订单。但是现在要他们转到网络

或者手机上订餐，就要求商铺要能像接电话那样一个不漏地查看所有订单，还必须在订单到达的一定时间内。这件事对于日本的餐馆来说不是很容易，主要是因为在餐馆实际进行作业的都是形形色色的打工者，他们对于电脑不熟悉或者忙碌起来忘记的话，就会有订单疏漏的情况发生。

这种疏漏，如果在中国，大家会比较习惯，觉得反正是新服务可能还不太靠谱，一笑了之。但是在日本，因为大家实在是已经习惯了面面俱到滴水不漏的服务了，有的顾客就会非常气愤，投诉。这时候店长就会觉得用这个外卖服务得不偿失，伤害了店的信誉。

但是作为一个新服务，你很难从一开始就完美解决所有的问题，不出一件疏漏，不接一件投诉。即使新服务可以做到 98% 的成功率，店家也有可能因为那 2%，甚至是一个顾客的投诉就放弃合作。

换句话说，店家的保守思想和害怕失败的态度，是新服务模式最大的敌人。

对线下服务的满足，让顾客没有太多动力去选择新商品

很多 O2O 服务在日本，都是以电话预约的形式进行的。店铺的工作人员接听电话以及询问，记录的流程是非常熟练的，不用一分钟就能把预约定下来，而且是热情又专业的电话服务。

在这种情况下，顾客也会趋于保守。就拿日本的美发沙龙预约网站举例子吧，几乎在所有的沙龙都已经普及了，也非常容易预约，通过应用可以直接跳转到自己去过的沙龙，选择优惠券，发型师也可以直接指名，预约后还可以把沙龙的地址和预约时间同步到手机日历。可是就我在美发沙龙询问发型师的时候，他们说现在网络预约和电话预约基本还是一半一半，明明有很好用的网络服务，很多顾客却觉得

"还是打电话安心点"。

由于日本社会以及服务早在十几年前就已经非常稳定，其实大家日常生活并没有非常不便的地方。几乎所有当下服务想要解决的问题，都通过日本的其他系统以其他方式解决了。比如说现在中国的手机当面支付，让日本人感觉很神奇并连连称赞，但是在日本，其实多少年前就可以用智能机出现之前的日式翻盖手机以及交通卡在各种地方快捷付费了。没有太强烈的需求，就导致日本的顾客没有太多的动力去选择新产品来改变生活方式。

因特网公司内部的保守

这一点正是我们在上一篇文章中提到的，日本企业的工作模式不适应互联网的生态。很多企业的员工也非常清楚自己公司产品的页面到底有多烂。但是往往会有这种现象：大家都觉得很烂，大家都想改进，但是永远没有人去改进。

如果你关注一些日本近几年诞生的新网站就会发现其 UI 和系统都非常先进，紧跟潮流。你会发现：凡是新东西，都非常棒；而旧东西，几乎没法改。因为改了，就有可能失败，成熟的大网站每天给公司带来巨额利润，万一因为尝试新 UI，使得交易额下降 0.1%，都将对全年的成果造成非常大的影响。

没人愿意承担这个责任，做这个尝试。页面就这么丑下去，商业模式就这样旧下去，导致很多外国企业进军日本以后可以轻易占领高地。比如打败 Mixi 的 Facebook，在日本越做越好的 Amazon，还有已经开始占领不少市场的 Booking.com。在日本已经拥有丰富用户和商户资源的大公司们占据天时地利人和，没有任何失败的借口。

那是不是日本的互联网企业就一无是处呢？并不是。他们仍然有

一些东西值得我们学习。

比如对个人信息的严格管理。对于一个正规的日本企业来说，即使是几个用户的个人信息泄露，也会成为大新闻，并带来巨大的损失。比如 2014 年 6 月，日本最大的线上通信服务 Benesse，因为泄露了一部分用户的邮箱，整整赔偿了 200 亿日元（约合 12.6 亿元人民币）。不仅是金钱上的损失，无形的品牌价值也降低了不少，还被写入了历代信息安全教科书当成反面案例。因此日本的互联网公司，对数据库甚至客服与客人的聊天记录都严格控制阅览权限，甚至会根据个人信息私密程度的不同，建造不同等级的操作室，在管理严格的操作室中禁止带私人手机和任何其他可记录的物品进入。无论是产品、运营、销售，几乎所有人都必须给系统安全让路，系统安全工程师的年薪也非常之高。也因此，在《经济学人》发布的《城市安全索引白皮书（2015）》中，东京在数字安全方面位居世界第一名，大阪也进入了世界前五。对于每个用户隐私和信息保护的意识实在是相当之高。居民也不用担心自己在正规网站登录之后信息被卖，收到奇奇怪怪的推销。

另一点就是对著作权的重视了。无论大小公司都会对自己发布的内容严格要求，不随意引用其他个人或者团体所有的内容，图片也不能乱用。因此自媒体发布的内容多用图片网站上提供的免费图片并且注明出处，内容制作成本也相对较高。在 Twitter 和 Facebook 上各大公司和品牌的官方号一般只是发一发自己公司的原创信息，不像中国微博上的官方号发布内容较为丰富。不过这也让更多内容创作者可以有与劳动相对应的收入，其结果就是让原创市场更加丰富多彩。

日本互联网市场的将来会怎样？我觉得并不一定就这样走向没落。在中国和其他国家互联网服务的刺激下，应该会有更多不安于现状的从业者将先进的东西带入日本。目前很多日本互联网企业的内部氛围和组织架构都已经发生了巨大的改变，这与传统日企已截然不同。在这个优胜劣汰周期非常短的特别领域，如果有哪家大企业可以摸索出一条合适的路并成功，估计其他企业也会群起而效仿之吧。我们期待着日本的互联网领域可以更加充满活力，也能给我们灵感和刺激的那天。

4. 谈谈日本的移民政策

在外国工作时间长了，不少朋友就会考虑到买房、生孩等现实问题，这时候比起短期签证，很多人便会开始关注长期稳定的居住许可了，这也就是我们通常所说的移民或者绿卡。不少人会花几百万在欧美国家投资以获得这样的权利，那么在日本这方面的相关政策又是怎样的呢？

在日本，移民被称为“归化”或者“入籍”。拿绿卡，被称为获得永久居留权（即“永住权”），这两个词你一定要分清楚了。移民的话就要失去原本的国籍并加入他国国籍，护照也变成日本的。而绿卡（永住权）就意味着仍旧保留自己的国籍，只是在另一个国家多了自由出入境的权利。

日本有个特殊的现象——拿绿卡比移民要难好几倍。其实满足了移民条件的中国人在日本遍地都是，但移民是个单向的，有去无回的决定，大

家都会非常慎重地考虑长久发展。特别是随着这几年中国的各方面环境越来越好，过去人人关注的“移民”也不再那么有吸引力了，不少久居日本的中国人更倾向于拿绿卡。再加上日本的外国人中，中国人占了非常大的比例，绿卡的难度也就随着水涨船高了。

移民的话呆满 5 年，其中工作 3 年以上，有稳定收入就可以申请了。但是绿卡要待满 10 年，其中还要工作 5 年以上。考虑到很多留学生都是大学毕业来留学，那么基本上就等于说要工作 7~8 年，可不是个马上就能达到的条件。不过，基本上你满足了这个时间条件，平时按时交税，没有犯罪违法记录，有个稳定工作就很容易申请成功。所以可以说，与欧美国家相比，日本的移民或者绿卡要求条件不高，基本就是要熬时间。到日本留学申请难度系数本来就不高，而且毕业后如果不是削尖脑袋去顶级大公司，工作也不是那么难找，所以一般家庭的孩子也可以仅凭自己的努力做到。

这和国家政策也有一定的关系。欧美的移民主要目的是吸收特殊人才和投资，而日本随着老龄化和年轻人的减少，更多的是期望遵纪守法的人能够长期居住并提供劳动力。所以这个申请政策也是越来越宽松。举个例子，日本除了正常的工作签证，还有一种提供给高端人才的签证，只要你在研究或者工作，投资上达到一定标准就可以申请。比如说，从日本的大学院毕业可以加分，有发表文章可以加分，工资超过年薪 600 万日元，拥有两种国家考试资格等这些都可以加分。高度人才不仅有着种种特殊政策待遇可以享受，还能大大缩短拿绿卡需要熬的时间，顺利的话可以把工作之后需要等待的年数缩短到 3~4 年。

比起欧美，中国人在日本无论在文化上还是在生活上都很容易习惯。这里有大量的中国同胞，每周都有各种活动，你不会寂寞，也能吃到各种正宗的中国菜。甚至还有中国书店和中国超市。很多中国人

在这里开设了自己的公司，也有很多日本人组织了各种中日友好团体，同中国公司及个人进行合作和交流。更重要的是回国不用坐上八九个小时的飞机，快捷方便。因此对于那些考虑长久在外国发展的人，日本是一个不错的选择。不过同时也要注意权衡利弊——日本社会系统过于成熟，不像中国那样有更多的机会和上升空间，对于想干事业喜欢挑战的年轻人来说可能缺乏吸引力。这也是很多可以拿日本绿卡或者移民的中国人放弃申请等待回国机会的主要原因。

当你到了国外，看到了更广阔的世界，就会体会到其实移民与否真的没那么重要。重要的还是要让自己不断进步，拥有在任何地方都可以生存的能力，就不必太多在意移民或者海外居留权。就像郑渊洁说的，真正的铁饭碗，就是走到哪儿都有饭吃。

5. 活跃在日本的中国同胞们

截至 2015 年，居住在日本的中国人已经达到 65.6 万，居日本以外所有国家的人数之首，其中有四分之一都居住在东京。20 世纪 90 年代，大多数赴日中国人还只能在餐馆打工谋生，而今天，他们已经走入各大日本顶级企业和研究者队伍，甚至自己开公司创业，被各大新闻报道成为话题的人也不在少数。在这其中有一类尤其受欢迎的工作——在日本为中国人工作的机会得到不少人的瞩目。

从单纯劳动力到翻译导购

在五到十年前，当你走入日本大城市街头的便利店或者牛肉饭餐馆，会有很大的概率看到一两个员工胸前的名牌写着中文名字。由于这样的店铺操作严格遵循流程，和客人之间的对话都有"套路"，所以对外国人的日语水平要求不高，也成了不少留学生刚到日本的收入来源。

可是到了现在，你会发现这些位置上，棕色人种或者东南亚的年轻人越来越多。仍旧能看到中国人，但比例似乎少了。这是为什么？

原来，随着赴日游客中中国人的比例增加，各大商场和热门商区的店铺对于中文翻译的需求也越来越多了。在店铺中有一位专职的中文翻译，会显得品牌和服务格外高端——有需求就会有市场，于是就出现了不少专门派遣中国翻译和导购的人才公司。他们的主要任务是帮助中国客人购物，因此日语说的不太流利也可以完全胜任工作，甚至日语不错的人在没有中国客人的时候还可以和其他普通店员一样工作。托喜欢买东西的游客的福，这些中文导购每个月完成的销售额也是日本同事的数倍甚至数十倍，这样的人才，店家自然相当喜欢了。

别看导购属于服务业，会特地雇佣中国导购的一般都是日本的大型零售企业，他们对代表品牌形象的导购的着装、气质、谈吐都有极高的要求，可不是随便来个人就可以做的。在化妆柜台帮你挑选防晒霜或者皮鞋卖场帮你试鞋的中国导购，也许就是日本顶级大学的留学生或者已经拿到大企业 offer 的优秀人才，人家只是闲暇时间来打打工挣点外快而已，随便鄙视人家可能是要闹笑话的。

用中国的人口红利做生意

头脑灵活的读者也许早已想到，既然日本有这么多中国人，那本身就是一个巨大的市场呀！没错，在日华侨有一个其他国家的人都无法想象的优势——人口红利。简单来说，就是光做华侨生意都能红红火火。

首先是吃。对于漂洋过海到异国他乡的中国人来说，最苦恼的事情大概就是没法吃到祖国的美食这一点了。所以中国超市和正宗的中国菜馆也是遍地开花。在东京你不仅能买到国内超市原汁原味的小吃和食材调料，还能吃到正宗川菜、东北菜、麻辣烫、过桥米线、火锅、油条煎饼、手抓饼……而且这个队伍还在不断壮大中。

吃饱了以后呢？就是干正事了。大多数中国人来日本都是为了留学或谋生，但日本的考试信息和应聘技巧都难以获取，有着严重的信息不对称，所以就出现了许多相应的培训机构。他们会每年研究各个大学的招生情况和试题，雇佣成功进入顶尖大学或企业的学生做讲师开培训班，从招生宣传到授课，活动，都有一套比较成熟的做法。当然了，价格也不菲。不过幸好因为有这样的机构，学生们在自己摸索之外多了一种选择，可以算是中国人才有的福利吧。

另外还有一种你可能意想不到，也是迎合在日华人的刚性需求出现的生意：相亲联谊活动。由于大家都是独自在外打拼，周围都是外国人，难得能找到知己一诉衷肠，个人感情问题也就成了大问题。尤其留学生和在职华人普遍都是婚龄，又时不时要受到家长来自后方的“压力”，于是就出现了各种各样的“趴体”“华人联谊”等活动。这样的活动大多是主办者包下一个餐馆作为场地，并提供各种游戏环节和自由交流时间，收费一般在4000~5000日元（合250~350元人民币）一人次，有些打着高端旗号的活动能收到7000日元（合近500元人民币）。真是有需求就有市场！不过也有一些报过名的人表示，参加者并非都“诚”，有不少人是抱着不纯目的去玩，或者以对方不快的方式对其他参加者进行骚扰，看来也是个奇葩尽出，盛产八卦和吐槽的场合了。

搭起跨海之桥梁

另外还有一个不得不提的中国人群体。他们大多毕业于日本优秀大学，和日本人共同竞争进入日企，直接或者间接地连接着两个国家的经济和文化交流。

最早有机会从事中国相关项目的就是贸易公司（日本也叫“商

社”）和建设公司的中国员工了。这两个行业一直备受华人欢迎，因为不仅可以发挥中文和英语能力，还可以有机会被派回国常驻，拿着日本水准的工资，又能回到祖国工作，对很多人来说吸引力极大。不过更多的时候更多的中国人主要还是以差旅的形式参与项目，强度非常大：头天下午飞回国，当晚和同事开内部会议，第二天参与商业谈判一整天，结束后马上总结会议记录和各项联络，甚至可能当天晚上就要飞回日本。有的时候出差连觉也睡不好，更别提有空儿回国逛逛吃吃了。

而另一种今年逐渐增多的工作，同样也是由于中国游客暴涨带来的。除了实际接待中国游客的翻译和导购，日本企业发现他们需要更多的中国人来帮忙出谋划策，从公司内部推动相关的项目。因为日本员工再怎么优秀，也难以理解中国游客的习惯，需求和中国市场的运作模式，想出来的点子仍旧是日本的思维，往往不是中国游客最想要的服务。就这样，有一大批中国人进入了日本企业上层，并扮演着举足轻重的角色——他们帮助日本公司理解中国游客，一方面提高了这些公司在中国的知名度以及销售额，另一方面也让中国人来日本游玩更加方便舒心。不过这一切都要有个前提条件，就是日本公司乐意听取中国员工的意见，接受那些他们看来有点不可思议或者难以理解的新信息。否则中国员工便形同虚设，他们本人也会感到特别郁闷。

你看，在海外生活的中国人，除了选择和当地人并无二致的道路之外，其实也有着丰富多彩的生活方式，而祖国的强大以及两国关系的加深，会使得他们的工作机会更多，可以实现的价值更大。他们与自己出生的地方之羁绊就是这样一开始就决定了，非常自然，也不会因为人在哪儿或者做着什么，更不会因为他人的看法或者判断而轻易改变。事实上，从踏上海外土地的那一刻开始，他们就在不经意间沿着那个羁绊的轨迹前行着。

活跃在日本的中国同胞们聊日本（视频）

JAPAN
NON-PRETENTIOUS
GUIDE

第九章

日本饮食文化

1. 冒死吃河豚

众所周知，河豚有毒。而河豚又偏偏是日本人钟爱的美味，讲究现宰现吃，一鱼多吃。人们常用“冒死吃河豚”来形容它的美味诱惑。河豚真的这么神？为了一探其真正的味道，笔者特地和小伙伴选择了一家看起来比较有名的河豚连锁店亲身体验了一番。

去吃的路上我们都感到无比兴奋和紧张，好像将要经历一次有点奋不顾身的冒险。来到店外，发现玻璃缸里养了几条很萌的河豚，也不知道吃完之后会不会少一条哦。河豚平时长得就像一条有点胖的普通鱼类，据说生气起来就会圆鼓鼓的。

门店里的气氛还挺高大上的。服务员热情地接待了我们。菜单看起来很高级。左边写着的就是各个套餐的名称。根据名字不同，套餐的内容逐渐升级，价格也相应提高。我们要了最基本的“玄”套餐。“玄”就是这家料理店的名字。

这家店专门卖虎皮河豚，也就是门口看到的黑黑的小家伙们啦。不过它的肉倒是很晶莹剔透，白白的。我们要的套餐除了最后的甜品都是河豚做的。包括前菜、刺身、河豚锅、杂炊（火锅里下米煮成的粥）和甜品。

首先上来的是前菜，为河豚的皮与醋和一些蔬菜凉拌。不知道

为什么，河豚每一道菜都是和醋搭配的。让我想起日本人因为嫌有土腥味而很少吃淡水鱼，就想会不会因为是河鱼所以用醋去味呢？于是问小伙伴，河豚是河里的鱼吗？我们想了想，觉得好像如果不是河里的就叫海豚了……

河豚皮口感和猪皮差不太多，更细腻一些并且没有猪肉味。味道调得还挺好吃的。

紧接着上来的就是第二道，河豚刺身啦。刺身有两种做法，薄切和厚切。店员看我们没法决定，很体贴地建议说可以一个要薄切、一个要厚切。

下图就是薄切的河豚刺身了。可能平时不太吃刺身的人会觉得很特别。不过吃惯了各种生鱼可能就会觉得虽然美味，但并没有太特别，

也就是比较细腻柔滑的白身鱼刺身的味道。

我更喜欢下图的厚切刺身，是调过味道之后用和白菜放在一起的，也是加了醋会有酸味。厚切刺身带有一部分皮，所以特别有弹性和嚼劲！吃到这里，不禁感叹河豚的特别之处正在于这皮，和它们的身体特性也有着直接的关系——河豚其实有两层皮，受到惊吓的时候外面一层会吸进大量水而涨圆，所以皮富含蛋白质而且弹性很好。外面的一层皮主要是蛋白质，细嫩，里面的皮是含胶质比较多，口感比较 Q 弹。这个厚切是带肉的，所以当然是里面的皮啦。

吃过刺身之后，店员将火锅用的纸锅端了上来。虽然以前在上海吃蟹黄豆腐时见识过纸锅，可是在日本还是第一次看到这种做法。锅是用两层纸加厚做成的，并且里面有特殊涂层。据说可以一直煮一天都不会坏哦！

水烧开以后。主角就来了。当然是河豚锅啦！河豚的各个部分分门别类地摆在盘子里，店员边帮我们下锅边说明是哪一部分。

这个时候，我们突然注意到有一块肉在不停地动……真是把人吓得半死！店员微笑着对我们说，这是河豚的腮。河豚都是现杀了上来的，虽然鱼已经归西了，但由于神经还残留，所以上菜的时候腮仍然在一开一合。听到这里，我不禁感到对生命的崇敬而犹豫了拿着筷子的手。

在要下锅之前，店员会亲自用酱油和盐调味。给我们服务的店员是店长的二女儿，只有 16 岁。每次来下锅端菜都会和我们聊两句。店长也会时不时过来打招呼，倒个水什么的。感觉是个很有传统风雅的店，店员店长都很热情，注重和客人的交流。

把肉下到锅里之后，剩下的就是河豚的皮。外皮因为是蛋白质，所以煮太久就会化掉。吃的时候只要用筷子在水里涮 10 秒左右就可以入口了。内皮更厚实一些，但是为了获得更好的口感，只需夹着在水里划几下即可。（也就是日文的しゃぶしゃぶ，肉在沸水里停留也只有 5~6 秒）这两样都是自己吃的时候现下的。

河豚锅应该是河豚最好的吃法！虽然刺身也很美味，但是煮过的河豚肉质细嫩的特点就显现出来了，让人爱不释口。而在所有部位中，又属内皮最好吃，极其紧致有嚼头。漫长的锅结束之后，店员又拿来最后的主食——杂炊。杂炊是用汤底加上米饭加上打散的鸡蛋做成的。平时吃到的杂炊顶多使用煮过海带的だし汁（略带鲜味的水），味道很清淡。但是用煮过河豚的汤底来做的杂炊。真的是异常鲜美！中国很多地方吃河豚是直接煮成煲，想必也是为了吃这个最鲜的汤汁吧。

值得一提的是，整个过程中店员的手法都极其优雅，细节注重得淋漓尽致。比如葱花都会放在杂炊的黄金比例的位置，看起来很美观。为你盛一碗杂炊，必定要小心再捞一撮葱花装饰在中间。甚至盛过杂炊的勺子，为了避免滴汤都要在纸锅的边上优雅地停一下再拿出来。所有动作不仅细致，更遵循一定的顺序和规矩，又熟练而一气呵成。光是看着也是一种享受。这也是日式料理中不可分割的一个部分吧。

最后，我们用杏仁核桃冰淇淋结束了这一次的美食之旅。河豚虽然不像很多诗词歌赋中传说的那样夸张，但仍不失为一道色、香、味俱全，非常值得一试的料理。不过一定要记得选择正规店铺，让有处理河豚资格证的厨师来调理，让自己享受的同时也能安全放心哦。

2. 日本各地让人垂涎的美食

日本虽小，却是“五脏俱全”。每个都道府县为了拉动旅游业和经济，都会重点“培养”一两样适合当地的美味来宣传。我们都知道大阪章鱼小丸子和京都抹茶，前文也介绍过北海道的各种特产。其实除此之外，还有很多地方特产享誉日本呢！做一个合格的吃货，就当然要对它们如数家珍了。

青森：青森苹果

日本的苹果含水分非常高，拿着苹果啃汁水都会淌到手上。而这苹果最佳的就来自青森。

如甜瓜一样，苹果高不高贵好不好吃，糖度是很重要的。水分多加汁水甘美才能有资格摆在超市里卖。一般来说一些普通的苹果会三四个捆包卖，相对较便宜不到 100 日元一个，而较好的苹果都是单个卖，120 日元到 140 日元不等。

除了单个吃的苹果，如果你

有机会去青森旅游，一定不能错过当地的直榨苹果汁。其他地区贩卖的苹果汁虽然也很美味，但都是浓缩以后人工还原的，也就是先把苹果汁脱水，以降低运输成本，到了贩卖地点再兑相同的水。虽然也是100% 果汁，但这么一折腾风味和营养毕竟还是会打折扣。而青森随处可见的装在玻璃瓶里的苹果汁则是没有浓缩还原的，也就是鲜榨苹果汁。甜味和水分更好地融合在一起，喝了你就懂。

山形：山形樱桃

山形樱桃是日本樱桃中的上品。大小类似于美国大樱桃，口感类似我们国产的淡红色薄皮樱桃，只不过更甜。美国大樱桃好吃，但皮厚肉硬。山形樱桃皮薄，甜味也够，水分很多，所以吃起来皮略脆，但肉软多汁。

枥木：枥木草莓

枥木草莓有很多种类，其中最有名的莫过于“とちおとめ”（枥少女）了。

在日本草莓也算是个比较珍贵的东西。

如图所示，一盒里面只有不到10个，一般好一点的要卖400~500日元（合20~30元人民币），让曾经购买大学里面三五块钱一斤草莓的笔者不忍直视。在口感和味道上，倒是并未觉得有比国内最好的草莓好太多。只是一般个头都比较大，形体匀称。

栃木的草莓有名我觉得还有一个原因：这个地方在东京开车可以来回的地方，因此到了草莓季节，很多人都会去集体开车特地去吃草莓。我们国内的农家乐也有类似的项目，交一些钱然后进大棚随便采随便吃，日本人叫这种活动“猎草莓”。因为草莓的市面价格较贵，所以猎草莓会让大家感觉比买的合适，再加上此地附近还有温泉和农场，便成了关东的人们双休日游玩的景点之一。

在日本猎草莓价格不一，但是进去的时候都会给炼乳或者奶油用来蘸着吃。院内也有洗草莓的地方和桌椅。

山梨：餺飥面（ほうとう）

山梨和长野、新泻并称为“甲信越地区”，以日本古代战国时期的历史和面食著名。ほうとう就是一种特殊的扁扁的面条。味道还不错，不过作为一个地区的特产，与大中华料理比起来显然是心有余而力不足……

山梨葡萄

刚才说到春夏的猎草莓，那么到了秋天，出去玩的定番就是红叶和猎葡萄了。

日本的葡萄有很多种类，而每个种类的味道差别较大，所以猎葡萄比草莓更有乐趣。农园的人会领你到葡萄园低低的架子下，每串葡萄都被纸袋包着，完好无损，他们会教你如何托住葡萄然后剪下来，如何挑选甜的葡萄。然后就可以拎着战利品挨个品尝了。

山梨的葡萄非常好吃。粒大，饱满，非常非常甜。皮也可以一起吃的甜。最常见的巨峰葡萄糖度很高，皮比较软。其他各个品种也有颗粒硬水分多的，有不是那么甜但是口感好的。也有来自中国的马奶子葡萄。如果有机会很推荐多人一起去猎一次葡萄，一次可以多吃很多品种。

爱知：虾片

日本通常意义上的虾片（えびせんべい）不同于我们炸出来的那种虾片（但我们熟悉的那种虾片也叫这个名字），口感更类似于厚一点的薯片，味道是虾味。当然在虾味的基础上，有原味、芥末味、芝麻味等创作。别看其貌不扬，可是很鲜美的哦。

说到虾片，就不得不提日本最有名的虾片店“虾片之乡”，以前研究室的同学曾经带回来过，一吃觉得特别上瘾，于是就找到店铺，发现可以网上购买。一个巨大的包才五六百日元，于是买了一箱……

静冈：静冈茶

静冈的茶不同于苦苦的日式抹茶，而更近似于我们的绿茶。随处都可以买到。喝法是在壶里泡好之后倒到杯子里。很多人习惯购买一大袋散装的静冈茶叶，喝的时候放入另买的茶叶包里面再泡。也有一些企业推出像红茶那样的方便茶包。

静冈茶气味香，口感醇厚，不苦。

三重：松阪牛

其实，好吃的牛肉最大的特点，就是脂肪分布均匀。就像图中的松阪牛一样，脂肪密密麻麻的网状遍布在肉上面，因为就像蒙了一层白霜，所以又被称为“霜降牛肉”。这种脂肪分布均匀的肉，吃起来和那种瘦肉脂肪明显分开的肉非常不同，脂肪的香腻会均匀地分布在口中，而不会在一个地方聚集过分让人感到油腻。同时瘦肉又不会柴，每个地方都很肥美。真正的好牛肉，会让你在咀嚼的瞬间感到：以前吃过的牛肉都不能称之为肉。

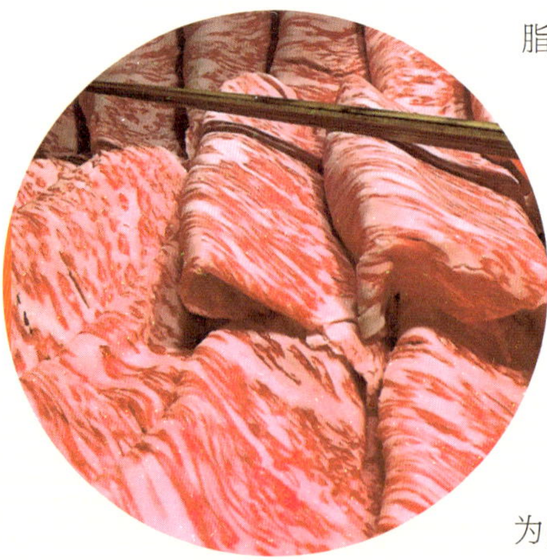

大阪：大阪烧

大阪非常出名的街头小吃，主要是把鸡蛋、面粉，炸的东西，海苔等烧成圆形再撒上美乃滋这样的做法。

章鱼小丸子

还记得上海世博会的时候从大阪迢迢而来的那个章鱼小丸子店吗？虽然我们也经常能吃到章鱼小丸子，但正宗的究竟还是不一样。也许最不一样的就是放在中间的章鱼是否有嚼头，新鲜大个儿。还有就是外面调料酱的调味了。

京都：宇治抹茶

宇治抹茶才是那种传统而正宗的日本茶。味道非常苦，要配合非常甜的和果子吃才可以。

但是宇治抹茶更贴近大众生活的，不是这种传统的日本茶，而是作为抹茶配料，出现在蛋糕、饮料和冰淇淋里。

长崎：海绵蛋糕

海绵蛋糕是一种略甜，口感细腻的蛋糕。和我们经常吃的奶油蛋糕里面黄色的部分不太一样。还算挺美味的。去长崎旅游或出差的人都喜欢带回海绵蛋糕给同事和家人当伴手礼。

熊本：Dekopon 柑橘

这种柑橘大小在橙子和柚子之间。外面的皮比较硬，果肉味道酸甜，并且酸味和甜味都很强烈。

因为果肉之间的白色膜非常坚硬而且不好吃（类似柚子），所以吃 Dekopon 的时候使用工具会更轻松愉快。先把最外面的果皮剥掉，之后把每一瓣分开，用带着一点点刀刃的小刀一划，把白色膜划开，再剥开就可以得到一个完整的果肉了。它的水分很足哦。

冲绳：红糖（黑糖）

冲绳黑糖和我们的红糖在味道上并没有什么太大的区别。但是比起我们倾向于把红糖作为调料以及饮料，在日本更倾向于把它做成可以直接食用的零食。尤其是和豆粉在一起吃的时候，味道很不错。

平实柠檬

平实柠檬长得比较像一般的青柠檬。但是最主要的用途就是——做饮料！这种饮料的味道和柠檬不是很像，而是更接近梨味，酸酸甜甜很清爽。

我想要跟喜欢的人一起，一样一样吃遍这些好吃的。

如果你也想，不如把它们记入想要实现的梦想清单里吧。

3. 寿司和拉面，怎么吃最好吃?

到日本品尝美食的时候，不少朋友肯定都会在网上学习一下各种日本料理的吃法和用餐礼仪，生怕吃饭的时候丢脸。于是就出现了不少普及日本料理吃法的文章，什么“寿司必须用手吃才正宗”啊，“吃饭之前要双掌合十说我开动了”啊，还有不少米其林饭店把不懂吃法的客人赶出去的“传说”，看完了让人一身冷汗。其实很多条条框框呢，日本人都未必遵守，外国人就更不必在意。吃饭，当然还是以享受为主！所以不谈礼仪规矩，我们就来谈谈日本料理的代表——寿司和拉面如何吃才更好吃吧！

最大程度享受的拉面的独家方法

通常我们第一次访问拉面店，点他家的招牌拉面基本不会失败。同时，有两样东西建议大家一定要点：叉烧和腌鸡蛋，这两样东西的美味程度，可以间接代表一家拉面的水平。

在门口用自动售货机买好拉面和配菜的小票交给服务员，等上一会，热气腾腾的面就来啦。图中我点的拉面额外加了蔬菜以及腌鸡蛋，叉烧也在其中。好了，现在开始该如何下嘴呢?

我首先会用筷子把鸡蛋分为两半。观察成色，然后一口先吃掉一半。很多店里鸡蛋是切好上的，就可以直接吃咯。尤其是肚子饿的时

候，浓郁的半熟鸡蛋简单能让人一下上天！

可以看到这家拉面的鸡蛋黄是正好半熟，绵软，味道也细腻，香味浓郁。简直太好吃了！可是别急，先留着另半个鸡蛋哦。

然后把另外半个鸡蛋，按到汤里！对，要的就是让蛋黄完全吸收汤汁，这样再吃又是另外一种风味哦。不过注意不要泡太久啦，一般 1 分钟左右就可以完全浸透了，捞出来立刻吃就可以。在这期间可以尝尝叉烧肉等其他配料。

鸡蛋都消灭了，终于可以吃面了吗？还不是！

所有的日本拉面店，最精华的部分都是汤汁。所以吃面之前一定要用勺子舀起汤汁细细品尝。鲜美的味道会让你再次上天。这家拉面的汤汁属于清爽型，不油腻，可以咕咚咕咚喝很多。

细细地品足汤汁之后才正式开始吃面。吃面的时候发不发出声音都

无所谓啦，这种不影响味道的小事就无须在意了……不过一定要注意的是，最好一次夹少量的面。夹起来立刻入口。

日本拉面的原理，其实是要让面带着汤才最美味，所以相对来说日本拉面的面条儿都比较细。因为拉面细一些，表面积就大，能带上来的汤汁也更多。千万不要夹起来还控一控汤，或者一下子吃一大口什么的，那可就真的和方便面没啥区别啦。

然后呢就可以随意了。按照自己的喜好吃掉配菜和拉面。很多日本人喜欢把汤汁喝道一滴不剩。我觉得这个就看个人能力，量力而行吧，不必勉强。

另外，不要光盯着拉面。其实很多拉面店的配菜也都非常精彩。常见的比如煎饺（日本人是把饺子当菜吃的），炸鸡块，小碗盖饭。偶尔有些店里会推荐点一碗米饭用汤泡着吃，你还真别笑，这么吃的日本人还真不少。

寿司要如何吃才不会被弄稀碎?

谈完了大众食品拉面，我们再来谈谈大家必吃的寿司。

寿司要吃得深，从食用顺序上都有讲究，比如先吃味道淡的，再吃味道浓的，先吃白身鱼，再吃红身鱼等。如果你有兴趣，可以记住，白色的鱼和虾类一般味道较淡，推荐先吃，紧接着是金枪鱼系列，贝类，再次是沙丁鱼等皮肤光亮而腥气重的鱼类，而海胆，鱼子类这些味道浓厚的食材可以放在终盘。玉子烧因为味道甜，被不少人当作甜品，最后食用。

但我觉得对于中国人来说，由于平时吃惯了味道浓重的食物，偶尔品尝寿司是不必在意食用顺序带来的口味差别的。只要两个寿司之间隔上 30 秒以上入口，或者中间用茶以及甜姜清口就可以了。

比食用顺序更重要的，大概就是怎么夹怎么蘸的问题了。笔者曾经好多次和朋友一起吃寿司的时候眼睁睁地看着对方把寿司夹断，或者米饭弄散在酱油盘子里，感觉无比可惜，恨不得夹了喂到对方嘴里啊！

大多数人会忽视的，就是下筷子夹寿司时的角度。筷子垂直于寿司夹的话，不仅不方便入口还极容易断掉。比较推荐的是筷子平行于寿司夹起，或者与寿司呈较小的角度。

然后把寿司在酱油盘里轻轻点一下，千万不要整个放到盘子里，那样会变得非常咸，进而盖过鱼肉的味道。

也有一些人更富有技巧，会扭动手腕让鱼肉而不是米饭沾上酱油。如果你有自信的话不妨尝试一下。

最后放到嘴里享受美味就可以啦，记得要张大嘴一口吃掉哦！还有的人提倡寿司放入口中时最好鱼肉向下，这样充分接触鱼肉的就是舌头而不是口腔上膛，如果你想尝试这样的吃法，可以把寿司放倒在盘子里，让它侧躺，然后扭动手腕时就更容易让鱼肉向下啦。不过这种手法所需技术比较高，我使用了一段时间后还是回归了最开始的吃法。

当然啦，以上只是我根据自己的使用经验给大家的“如何更充分地享受拉面和寿司”的建议，并不是必需的规矩或者就是最正确的食用方式。所以实际食用时你可以参考一部分试试看，最终选择让自己最舒适最享受的方法就好。毕竟，比起食客紧张小心地循规蹈矩，我更希望看到他们满面笑容地说一句“好吃”吧。

4. 听说日本人不吃生三文鱼？

有段时间，网上曾经流传着这样的说法：日本人其实不吃三文鱼的生鱼片。此言本源自美食家专栏里“日本的正统料理铺子是没有三文鱼刺身的，因为寄生虫极多，只能腌制后煮熟来吃”的描述，但这个并无大碍的说法被不少人夸大误解，变成了“三文生鱼片不能吃，有寄生虫”立刻疯狂地开始扩散，大家纷纷担心自己在国内吃的三文鱼片有虫子，一时也是人心惶惶。

可是去过日本或者稍微关注日本当地美食的人便会知道，三文鱼何止是没人吃，简直就是日本人最爱的食材之一！无论是一个人去回转寿司店还是公司组织去居酒屋，或者高级的约会用餐厅，都经常看到生的三文鱼以各种形式出场——寿司，生鱼片，沙拉，创作料理……那么“日本人不吃生的三文鱼”到底是真还是假呢？

三文鱼的确极易感染寄生虫

首先，从海里打上来的三文鱼的确是不能直接食用的。因为很多鱼都会感染一种名为“海兽胃线虫”的寄生虫，如果幼虫进入人体，会引发恶心、呕吐、腹泻等症状，有时还会引发荨麻疹。但这种寄生虫对温度非常敏感，加热到 60℃左右达一分钟，或者长时间的冷冻都

可以杀死它们。

在古代，冷冻只能用冰，不仅效果欠佳而且成本极高，所以人们便选择了更简单的办法——加热食用。也因此，在古代和近代日本，的确是没有生食三文鱼的习惯的。

科技让生三文鱼成了日本人最爱的食材之一

在人工制冷技术出现，冰箱冰柜得到普及以后，人们就开始尝试用冰冻的方式杀死寄生虫。根据日本厚生劳动省的标准，在零下 20℃冰冻 24 小时左右就可以有效地杀死三文鱼中的寄生虫，之后再解冻进行无菌处理，就可以享受生食的美味了。所以现在日本食用的生三文鱼全部都是统一冷冻处理，才能进入市场，端上餐桌。同时因为三文鱼的大量养殖，使得它的价格比起其他生食鱼类更为实惠，所以轻松坐上了生鱼类食材的人气榜单。根据一家公司的调查，有将近 50% 的日本女性表示自己在寿司店必点三文鱼，这个比重超过了金枪鱼，位居所有寿司的榜首；在男性中这个比重为 44%，位居第二。

让三文鱼受到追捧的是现代科技。这种说法一点都不为过。

传统高级料理店的确较少提供三文鱼

为什么高级寿司店以及非常传统的日本料亭仍旧不提供三文鱼呢？这和寄生虫以及三文鱼是否有害一点儿也没有关系。主要原因有两个：

首先，现代科技出现之前，日本人很少生食三文鱼，导致真正的传统日料里没有这道菜。

其次，三文鱼不适合高级料理店对食材的要求。比如一些寿司店里，所有食材都要使用现杀海鲜，三文鱼因为必须要有冷冻步骤就被排除在外了。另外高级料理店接待尊贵客人，自然是样样食材都要用上好的，厨师认为大量养殖价格便宜的三文鱼上给客人，会让整个套餐显得“太寒酸”，会更倾向于选择金枪鱼的珍贵部分来做生鱼片。

那么，到底三文鱼的生鱼片能不能吃呢？

三文鱼是否能吃，取决于杀虫杀菌处理是否充分，所以建议大家在国内用餐的时候选择正规和有长期三文鱼刺身提供经验的餐馆。在日本因为食用和处理都比较普遍，在一般的餐馆点三文鱼刺身发生问题的概率是非常小的，如果你没有鱼类过敏或者肠胃可以接受生鱼片的话，就可以放心食用。日本人已经全民吃了它几十年，没有发现对人体的明显害处，反倒是证明了其营养成分非常高。虽然它不是传统日本料理的一员，但早已成了当代料理文化中重要的角色，想要大快朵颐又不心疼钱包，那就选它吧。

5. 日本妈妈都会做的那些家常菜

说了这么多日本美食，那他们的家常菜到底是什么呢，难道是自己捏寿司？

合格的吃货从豪华大餐到妈妈的料理都不能放过！2009 年，日本有一家公司对三万多名不同年龄层的家庭主妇做了一次大型调研，主题就是“家里晚餐吃什么”。那就让我们来一窥调研结果，顺便盘点一下日本家庭里最常吃的十种料理吧。

第一名：烤鱼　上桌率为 10.7%（基本上分为盐烧和碳烤两类）

烤鱼一般是用内置的烤架来烤。日本人调味料用的很简单，撒点盐或者用酱汁。在超市也有腌渍好入味的鱼，直接烤就很好吃，超级省事。一般都是一大片处理好的鱼肉，除了秋刀鱼等特殊鱼类，一般不是我们想象的一整条端上桌的。很多时候，烤鱼会配上磨碎的白萝卜来去除油腻。

第二名：炒菜　上桌率为 10.2%（正正经经的用油炒菜，所以日本人并不是生吃蔬菜。从上桌率来看，炒菜相当普及）

炒菜在他们看来都是“中华料理”的范畴了。日本人在家里也经常做，人气很高。

麻婆豆腐虽然不算炒菜，但也是他们在家经常做的，另外就是普通的常见蔬菜炒一炒啦。

比起我大中华的炒菜是不是弱爆了呢？

第三名：咖喱饭　上桌率为 6.3%（基本是懒人最佳选择）

做法就是把中意的菜和肉放进去煮，再加咖喱块。现在超市也有很多现成的速成咖喱汁，只要热一热浇在饭上就可以食用了。很多人喜欢在上面打一个生鸡蛋（也有用半熟鸡蛋的）。吃的时候搅匀了一起吃。真的很好吃哦！如果有条件弄到新鲜鸡蛋的话，建议尝试一下。

第四名：刺身　上桌率为 5.5%（生鱼片，超市有完全处理好的即食刺身）

刺身的话当然是金枪鱼了！还有章鱼，乌贼等也经常上桌。

最常见的吃法是配日式酱油（味道比中国酱油淡），然后配米饭吃。

顺便一提，牛油果浇酱油配米饭也有类似的味道和口感，不妨一试。

第五名：炸猪排、炸鱼、炸土豆饼　上桌率为 5.5%

下图为炸土豆饼。有时候里面的馅还会有牛肉等。非常便宜又好吃。有时候浇酱汁吃。

炸鱼形状是两头尖尖的梭形，内部是鱼肉。日本人非常喜欢吃炸的东西，甚至蔬菜有时候也要炸成一块饼。

第六名：姜汁炒肉片、照烧、煎肉 / 鱼　上桌率为 5.5%

下图为照烧最多的一种做法，照烧鸡。照烧就是在肉类外面涂抹酱汁然后烤或者煎的做法。成品外皮光亮，内部多汁，酱汁略微偏甜。

第七名：鸡蛋料理　上桌率为 5.4%（蛋包饭、煎蛋等）

蛋包饭和我们通常吃的一样。煎蛋我觉得这里指的不是我们的煎鸡蛋，而是玉子烧。把鸡蛋薄薄的煎过之后卷成的。别看外表朴素，做得好的玉子烧可以超级美味。柔软又内部多汁，一口咬下去很有充实感。在日剧里也有“吃了玉子烧会有很幸福的感觉”这样的描述。

东京筑地有很多美味的玉子烧卖。

第八名：饺子、烧卖、春卷　上桌率为 5.0%（意想不到吧）

日本的饺子和中国的差不多，但日本人自己做得少，大多是买的。

第九名：乌冬、荞麦、素面　上桌率 4.7%（在家吃面的人不会选择拉面的……这又是一个意想不到的地方）

我倒真见过自己在家做拉面的。当然不是那么专业的拉面，只是类似的而已。

在家里吃的时候，日本人把拉面和方便面基本看作一样的东西。因为很多拉面都就是一块方便面饼。只不过拉面的口感和弹性会比方便面好得多了。

素面可能很多人头一次听说。它的形状和挂面差不多，但是极其的细，一袋也很少，几乎是不能作为主食来吃的，也就作为配菜之一或者简单吃点的选择。一般是煮熟后过凉水，然后在专门的汤汁里沾一下吃，类似于つけ麵。口感纤细、爽口，适合夏天吃。

第十名：通心粉　上桌率为 4.4%

通心粉属于意式面食。诸如番茄肉酱意大利面等，制作起来十分简单，因而得到普及。而且超市会卖很多半成品甚至成品，把面煮好之后浇上即可。在日本，意大利面的人气要高于中国，各种口味在很多地方都有提供，也有很多专门的吃意大利面的地方。

以上就是日本家庭里最受欢迎的十种家常料理，是不是有些地方出乎想象呢？通过日本的家常菜，我们更能体会到博大精深的中华饮食文化对日本的影响，也能感受到他们调理简单重食材的特点。现在国内的线上食谱服务也有不少人气的日本家庭料理，大多数一学即会，你要不要也试一试呢。

走进日本的黑暗料理界

提到日本料理你的脑海中首先跳出来的画面，想必是让人垂涎欲滴的寿司、生鱼片、挂着精心调制的鲜美汤汁的拉面、热气腾腾的炸鸡块、寿喜锅……聊了这么多日本美食，我们对日本料理的印象大抵是美好而清新的。那么最后，就让笔者来为你普及一下隐藏在日本料理光鲜外表下的"黑暗料理"们，让你心目中的日本料理形象崩塌一次吧。

首次接触日式黑暗料理是在研究室的一次欢迎会上。酒过三巡，服务员呈上一道我从来没有见过的菜品。

我心想，这水里放个饭团到底是怎么回事？

于是弱弱地问前辈："阿诺，前辈……这个要怎么吃呢？"

于是前辈把这道料理的吃法教给了我。

"把饭团戳碎了以后搅一搅就可以吃了哦。"

这……为什么不直接上一碗粥呢？！

其实，这一道菜，在日本属于"杂炊"的一种。把饭团放入水中是一种形式，而更多的是把米饭和碎海苔，碎鸡蛋等材料放在略有鲜味的水里，再加酱油等调味料的一道料理。在大部分居酒屋都有卖。

但是这道菜，在家里只剩一个饭团的时候我会试试，这样拿出来在餐馆卖真的没关系吗……

那些男默女泪的日式中华料理

日本人钟爱中华料理。可以说基本是除了日本餐馆以外数量最多的餐馆种类了，遍布大街小巷。如果你来日本时间久了，一定会想念家乡的菜肴，走入这样的餐馆打算重温一下炒干锅，炖豆角，水煮鱼，鱼香肉丝的味道。

然而，陷阱往往就在这里！你走入的那家中华料理，90% 的可能性是根本没有以上这些广受中国人欢迎的中国菜的。

你仔细阅读菜单，发现了如下菜品：

青椒炒肉丝
韭菜炒猪肝
麻婆豆腐面
天津饭
炒饭
饺子
干烧虾仁
火锅
糖醋里脊（菜单上写着“醋猪”）

“老子是来吃水煮鱼的！不是来吃韭菜猪肝的！自己做得都比这好吃好吗？！”

日本人大概是除了中国人以外最爱中国菜的民族了。但悲剧的是，在日本，80% 的中华料理都是卖着上面这些菜。绝大部分日本人并不知道鱼香肉丝、水煮鱼、干锅、蚝油牛肉这些菜肴，更不必说红烧狮子头、蛋黄焗南瓜、猪脚黄豆锅、乌鸡、肉串、蟹粉豆腐了。

日本人钟爱的，只是中国菜的不到 0.1% 的而且是相当普通的菜肴。这太让人伤心了……

更可怕的是为了适应大部分日本人的口味，仅有的这几样菜肴还都被改良过。要想吃爽快的甜酸口，过瘾的麻辣口，根本就是做梦。几乎所有的日式中华料理，都是一种说不清道不明只剩两行老泪的淡淡的温柔的略甜的味道。

这种东西根本不是中国菜好嘛！

这样的中华料理，倘若是中国人组团吃饭，基本不会去。在东京其实也能吃到正宗的中国菜——中国人自己开的饭馆中，也有一部分保持了原汁原味。这些餐馆大部分散布在池袋，大久保站。而且做得相当正宗，让人吃起来很过瘾。

那么，中华料理被如此改良，是不是因为日本人真的无法接受中国菜浓烈的味道呢？

我那个在中国留学期间胖了 20 斤的小伙伴大声地说，“不！！”

不知道是什么原因让日本的中华料理最终变成了这个样子，也不清楚大部分日本人到底爱好什么口味。但是我曾经尝试过三次带日本人去吃我认同的正宗中国菜馆。第一次是在剑桥，当时在那边的高中同学带受到黑暗料理严重精神摧残的我去一家中国餐馆，味道意外的好。于是我带那边认识的日本小伙伴们去吃了一次。

小伙伴们尝了尝，狼吞虎咽一脸惊异地说：

“原……原来这才是中华料理了吗！我们以前吃的都是啥啊！”

工作后，也两次带同期小伙伴去吃我觉得很不错的中国餐馆。在场的小伙伴们全程都是同样的表情。

“苏菲啊，实在是太好吃了，太感动了，下次还得组织啊！”

我会突然觉得他们好可怜，中国菜随便哪个菜系拿出来都能完胜一个国家。可是他们却每天都在吃着那种不成形的中华料理而且还觉得很幸福！

如果你得知下面这个事实，一定会同情到流下晶莹的泪水：

日式中华料理的饺子其实都只有一个馅——白菜猪肉馅。

所有日本料理里面，包括日本专业饺子店里面所有的饺子也都只有一个馅——白菜猪肉馅，而且都是煎饺。

白菜猪肉馅……白菜猪肉馅……白菜猪肉馅……

日本还有一种奇葩的中国没有的中华料理，叫作天津饭。其本质是一个放到汤里的蛋包炒饭。反正我是不会吃这种东西的。

给大家看看某次外出吃饭时，小伙伴点的麻婆豆腐面：

提到麻婆豆腐，最后再给大家讲一件奇葩的事情。大家都知道这是一道在日本深受欢迎的料理。

这样一盘美味的麻婆豆腐摆在面前，你会怎么吃呢？

当然是把豆腐吃光啦！！

但是有一次，我和日本人一起去吃麻婆豆腐，发现他们会把勾芡汤汁一滴不剩的全部喝光……

后来又有一次带一群日本小伙伴和一群中国小伙伴吃饭。中国人日本人分为两个桌，每桌点了一个麻婆豆腐，我突然想起之前的这件事，跟中国小伙伴们描述之后，大家指指旁边的桌子，发现果然日本小伙伴们把麻婆豆腐的汤汁和红油全都喝下了肚。

那一刻真的好想告诉他们我地大物博的中国菜，是不需要吃的如此节俭的……主要是真的很辣呀！

早餐：米饭酱油生鸡蛋

有一种日式早餐的吃法，是这样的：

当然了，需要搅拌均匀，搅拌以后，是这样的：

日本的生鸡蛋不腥，我经常用来放在咖喱饭上吃。但是这种吃法……似乎……也不是特别的……美味……

米饭加饺子加面

初到日本之后让我觉得最不可思议的事情。是日本人会就着饺子吃米饭。

因为日本人心目中，饺子不是主食，是配菜。恩，的确菜的分量比皮多一些……

更不可思议的是，几乎所有拉面店的套餐，都会是“拉面 + 饺子 + 米饭”！

碳水化合物的天国有木有！

东京必吃美食清单